法顯大師

大冒險家

高僧小說系列｜精選

吳燈山　著◆劉建志　繪

智慧與慈悲的分享

聖嚴法師

小說，是通過文學的筆觸，以說故事的方式，表現人性之美，所以稱爲文藝作品。它可以是寫實的，也可以是虛構的，但它必定是與人心相應，才會獲得讀者的喜愛與共鳴。

高僧的傳記，是眞有其人、實有其事的眞實故事，也是通過文字的技巧，以敍述介紹的方式，將高僧的行誼，呈現在讀者的眼前，也是屬於文學類的作品，只是缺少小說那樣戲劇性的氣氛。

高僧的傳記，以現代人白話文體，加上小說的表現手法，那就顯得特別生動而富於趣味化了。我從小喜歡文學作品的原因，是佩服它有高度的說服力，並且能使讀者印象深刻，歷久不忘，並且認爲高深的佛法，經過文學的表現，就能普及民間，深入民心，達成化世導俗的效果。我們發現諸多佛經的體裁，是用小品散文、長短篇小說，以及長短篇的詩偈寫成的。

近代已有人用白話文翻譯佛經，也有人以語體文重寫高僧傳記，但尚未有人以小說及童話的方式來重寫高僧傳記。故在《大藏經》中雖藏有極豐富的歷代高僧傳記資料，市面上卻很難見到。我們的法鼓文化事業股份有限公司，爲了使得故典的原文很容易地被現代的讀者接受，尤其容易讓青少年們喜愛，而從高僧傳記之中，分享到他們的智慧及慈悲，所以經過兩年多的策畫運作，推出一套「高僧小說系列」的叢書，選出四十位高僧的傳記，邀請到當代老、中、青三代的兒童文學作家群，根據史傳資料，用他們的生花妙筆、豐富的感情、敏銳的想像，加上電影蒙太奇的剪接技巧，以現代小說的形式，生動活潑地呈現到讀者的面前。這使得歷史上的高僧群，都回到我們現代人的生活中來，陪伴著我們，給我們智慧，給我們安慰，給我們健康，給我們平安。

這套叢書的主要對象是青少年，但它是屬於一切人的，是超越於年齡層次的佛教讀物。

我要在此感謝參與這套叢書編寫出版的全體工作人員，包括編者、作者、畫家、審核者、校對者、發行者，由於他們的努力，才能有這項成果奉獻在廣大的讀者之前。也請諸方先進和所有的讀者，多給我們鼓勵和指教。

一九九五年四月八日晨
序於台北法鼓山農禪寺

推薦序

人生要通往哪裡？

蔡志忠

「只有死掉的魚，才隨波逐流！」

人生是件簡單的事，是我們自己把它弄得很複雜的。

魚從來都不思考：

「水是什麼？

水爲何要流？

水爲何不流？」

這些無謂的問題。

魚只有一個最簡單的問題：

「我要不要游？
如何游？
游到哪裡？
游到那裡做什麼？」
人常自陷於無明的憂鬱深淵，無法跳脫出來。
人也常走進一條沒有出口的道路，
才發現原來這根本不是自己的人生之道。
兩千五百年前，佛陀原本也自陷於
人生的痛苦深淵……，經過六年的
修行思考，佛陀終於覺悟出：
「什麼是苦？
苦形成的次第過程？
如何消滅苦？
通往無苦的解脫自在之道。」

這也就是苦生、苦滅，一切因緣生的「三法印」、「緣起法」、「四聖諦」、「八正道」，所有攸關於人產生煩惱痛苦的原因和達到解脫、自在、清淨境界、彼岸之道的修行方法。

佛陀在世時，傳法四十五年，佛滅度後，佛陀的思想由他的弟子們傳承到後世，成爲今天的佛教。在佛教的發展過程中，留下了許多動人的高僧故事。

除了《景德傳燈錄》記載著所有禪宗各支歷代高僧學佛得道的故事之外，《大藏經》五十卷的〈高僧傳〉、〈續高僧傳〉裡也記載很多歷代大師傳記典故；此外，還有印度、西藏、日本等地大師的故事。通過閱讀過去大德諸賢的故事，可以讓我們對人生的迷惘問題得到啓發。

胡適說：
「宗教要傳播得遠，
佛理要說得明白清楚，
都不能不靠白話來推廣。」
這套高僧小說也繼承這使命，以小說的方式講述高僧的故事。讓讀者能透過這些歷代高僧的故事，得以啓發人生大道。相信做爲一個中華民族的後代，身在儒、釋、道思想的傳統文化背景下，如能透過高僧小說多了解佛教思想，對自己未來人生之路的導引和思考，必定能獲得很大的益助。

自序

聽到大師心臟跳動的聲音

每一位高僧都是一本巨冊，值得我們用一輩子的時間來閱讀。每當我沉浸在高僧的偉大行誼中，我便知道當時我做的比王公貴人長遠以來的所作所為更好、更有智慧、更有價值。

做為一個高僧小說的作者，我將如何來閱讀在我國佛教史上赫赫有名的《法顯大師》這本巨冊？打開它，才發覺它的內容精彩萬分，比玄奘取經更曲折動人。我一路讀了下去，被大師為法忘軀、甘冒喪命危險，不辭千里遠赴印度求法的精神所深深感動。

法顯大師原有兄弟四人，三個哥哥都在幼年即告夭折，父母怕他養不大，在他三歲那年就讓他剃度成為小沙彌。幾年後害了一場大病，眼看已奄奄一息，雙親抱著最後一線希望將他送進寺院，說也奇怪，不久後大病就霍然痊癒。

少年時期，有天和同學好幾十人在田裡割稻，突然跑出一群盜賊要搶劫稻穀，嚇得小沙彌四散逃竄，只有法顯大師面無懼色，對盜賊侃侃而談因果報應的道理，盜賊聽後慚愧地棄刀而走。在少年時期，大師已博得「少年英雄」的美譽。

法顯出家後，對律藏發生了非常濃厚的興趣，在幾十年披覽佛典的修行生涯中，常感嘆律藏的殘缺不全，使出家人沒有正確的生活規範可資遵循，這令已經步入老年的他，毅然決然地率領一支求經隊，踏上艱險萬分的天竺西行之路。

這趟危險之旅，他們吃盡了千辛萬苦，不知翻越了多少山、渡過了多少河，途中遭到沙漠大風暴，越過終年積雪的葱嶺。同行道友中，有人不堪旅途勞累病亡，有人打道回國，經過六年的長途跋涉，十人求經隊中最後僅剩兩人。

此後是一段坎坷的求經過程，他們遍訪各地佛寺，居然求不到一部戒律，原來這裡的戒律都是靠師徒口耳相傳。年已七十高齡的法顯大師，爲了筆錄戒律，開始學習外文——梵語；學成後就日夜馬不停蹄地抄寫，整整抄寫了三年。

誰知同行的道整法師腿部犯痛，不想再動，法顯大師只得隻身南行，先渡海至師子國（今斯里蘭卡），然後航海東歸，由爪哇再轉向北航，經台灣海峽，最後在山東南部的牢山附近登陸，返回睽違已十四年之久的故土。這趟海路歸國行，遇到多次暴風巨浪，險象環生，可謂九死一生。

令人感佩的是，法顯大師的西行足足比玄奘大師早了二百二十八年，而且與玄奘大師來回都是陸路不同：他是陸路去、海路歸，多了一層驚濤駭浪之險，沿途也少有官方資助，全靠雙腳一步一步地艱苦邁進。在年齡上，玄奘大師從長安啓程時正值體力最旺盛的三十歲青年，而法顯大師西行求法已是體力衰弱的六十多歲高齡老者，兩者相比，法顯大師的成功顯然更屬不易。可是在世人的心目中，大師似乎沒有獲得應有的了解與尊敬。

緣於這份體認，我決定下筆寫「法顯大師」這本高僧小說，將這位年老西行的高僧，憑藉著堅強的毅力、愈挫愈勇的鬥志和不向年老體衰投降，花了十四年的時光，終於求得戒律凱旋歸來的壯舉，告訴世人。

寫作期間，常因感動而擲筆三歎：啊！這麼一位老僧，花了六年的時間走到印度，七十歲開始學梵語；花了三年抄戒律，又費時五載才從九死一生的渡海中將佛典帶回漢地。大師這種不求名、不求利，只爲求法利眾的慈悲精神，眞可驚天地、泣鬼神啊！

中國有句俗諺說：「經書易得，人師難求。」佛家也有句話說：「人身難得，佛法難求。」誠然，遇到一位好老師並非易事，在有生之年，能聽聞佛法更屬難得。而每一部佛教經典的東來，都有一段可歌可泣的故事，佛教徒手捧這些得之不易的經典時，怎能不心生恭敬、心存感恩？

非常感謝法鼓文化再次給我這樣難得的機會，讓我能深入地再認識一位大師；更感謝主編果光法師的資料提供與高明意見，使本書更臻完善、更具看頭。

末了，我以無比欣喜之心，願將這本書獻給每位喜愛閱讀的大小朋友，書中並不是一頁頁無生命的白紙，透過它，你將會聽到大師心臟跳動的聲音。

丙子年春月　吳燈山於高雄一心齋

原版總序 智慧與慈悲的分享 聖嚴法師 003
推薦序 人生要通往哪裡？ 蔡志忠 006
自序 聽到大師心臟跳動的聲音 010
01 老當益壯西天行 017
02 聚散匆匆沙漠路 027
03 狂風飛沙奈我何 037
04 崇山峻嶺是道場 049
05 小雪山慧景往生 059
06 憶往事少年英雄 069
07 極樂佛國在人間 081

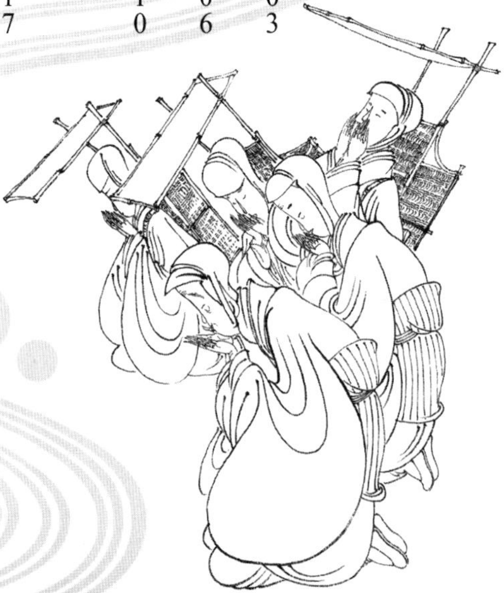

08 朝拜聖跡感觸多 097
09 馴服猛獅聽佛法 107
10 悲喜交加得戒律 117
11 歸鄉之途路迢迢 127
12 歷盡滄桑師歸來 137

佛學視窗

• 時代背景 152
• 西行取經與譯經 154
• 法顯大師的貢獻 158
• 法顯大師年表 161

01

老當益壯西天行

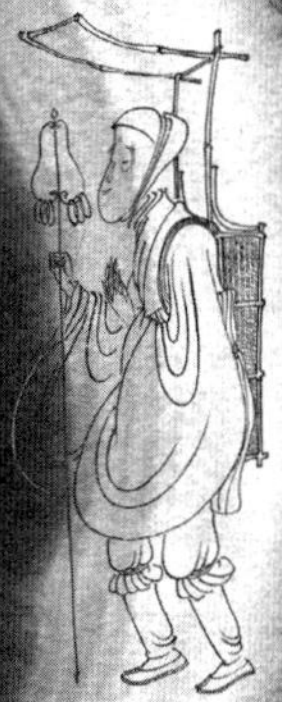

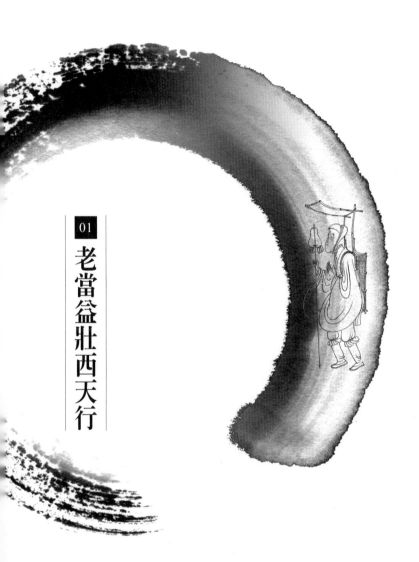

東晉安帝隆安三年（西元三九九年）的三月間，熱鬧喧譁的街衢上，出現一位老和尚，邁著不徐不疾的步伐，從容而行。

他的腳步可沒停過，一步又一步不停地邁出。

這會是他對祖國大地的最後一次巡禮？

或許是吧！明天他將西行，遠赴天竺求經，途中必須越過日夜溫差很大的沙漠、翻過懸崖峭壁的崇山峻嶺，以及終年冰雪封山的小雪山。這對一位年齡已高達六十四歲的人來說，步步是險路，不僅是體力，更是耐力、毅力的一大考驗。

這一去，難關重重、生死難卜，所以臨行前他做了這麼一次巡城之旅，將祝福的腳步，印在祖國的土地上。

街頭上的市集像鍋煮開來燒燙的水，人聲鼎沸。喝聲、叫賣聲此起彼落，商家們個個忙得熱汗直淌，顧客們更是擠來擠去，忙著搶購。因此，誰也沒注意到這位老和尚的到來。

走過市集，拐入一條巷道。

一支迎親隊伍浩浩蕩蕩出現在眼前，嗩吶嗚啦嗚啦吹得猛響，聲音直衝雲霄。穿著長袍馬褂的新郎官高高坐在馬上，一臉的春風得意。後頭肩挑禮品的隊伍，宛若一條長龍。

人生的喜事，是值得慶賀的，老和尚口誦佛號爲這對新人祝福，然後繼續邁開腳步，朝郊區走去。

那兒，是人生的另一櫥窗。

低矮湫暗的老舊房子前，或坐或立的老人都有個相同的特徵：臉上刻畫著代表無數歲月痕跡的皺紋，眼神中則透出對未來毫無把握的茫然！人一步入老年，病痛纏身，死亡的陰影令人寢食難安，若不知人生的眞義，年老等死的心情，是多麼地可怕呀！

可是，足以令人安心的佛法、佛經在哪裡？經常盤桓在法顯大師腦海中的問題，此刻再度浮現出來。學佛不外戒、定、慧三學，然而國內可供信佛者遵循的戒律，實在太少、太少了！這種感嘆在他心中已響起百千次，也因而種下了他西行求經的種子。

回寺途中，法顯大師遇上了一支送葬的隊伍。

披麻帶孝的兒女，一臉的哀痛，陣陣哭聲傳了開來，聲聲有若杜鵑泣血。生是喜悅的，但死卻帶給人錐心的痛、無盡的哀。如果人們不能潛心修道，探知生死的奧祕，並進一步尋求解脫，遠離死神的操縱，一直在輪迴❶中頭出頭沒，又是何等地悲哀呀！

可是，能讓世人解脫的佛經在哪裡？長安城內所藏的律藏殘缺不全，連出家人都不容易看到佛經，普通老百姓更不用說了！靠著佛法的法水，人生火宅才能獲得清涼，必須有人前去天竺把佛經請回來。法顯大師不服老，他的心裡早已有了「舍我其誰」的大悲大願。

像每個出家人一樣，法顯大師以佛寺做爲心靈的棲息地。

巡禮回寺後，他跪在佛前，雙手合掌，輕輕訴說著內心的感觸：

——慈悲的佛陀❷啊！請您睜開雙眼，看看這迷惘苦難的人間吧！不論身分的尊卑，也不管財富的多少，每個人都爲金錢而苦惱。富有的人，有富裕的苦；貧窮的人，有沒錢的苦。由於對生死的無知，他們日日生活於憂愁苦惱之中，不得解脫。

法顯大師雙眼望著佛像，眼眶閃著盈盈淚光：

——偉大的佛陀啊！站在覺岸上，您用語言呼喚著沉淪在迷海中的人們。可是流通在此地的戒經，簡直是鳳毛麟角，佛教徒渴望獲得經本的指導，就如同大旱之望雲霓一般。

——戒是修行的根本，戒如城牆、如軌道、如光明、如救生船。戒能防非止惡。如果人人能守戒，不僅出家僧能由戒而生定、由定而生慧，社會也會有法制，家庭也有了規範。

說到這裡，法顯大師兩眼灼然有光，以堅定洪亮的語調，在佛前立下他的誓願：「弟子法顯雖然年事已高，但身體還很硬朗，明日將與師兄弟慧景、道整、慧應、慧嵬等五位法師，一起前往天竺取經，祈請佛陀多加庇佑，幫助我們多取幾部戒經回來。取經路上，難關重重，而且路途遙遠，但弟子早已將生死置之度外，爲報佛恩，萬死不辭，臨行前日，特在佛前表明心跡，立下此誓言：西天求經，老當益壯，目的未達，絕不中止！此心堅定，求佛明鑑！」

鏗鏘的語句在佛殿迴盪開來，聲聲清晰。即將同行的道整法師，也來到殿內禮佛，聽到這段誓言，內心生起一股敬意，他如此告訴自己：「法顯師兄求取戒經的意志，是多麼堅強啊！無論如何，我一定要全力以赴，助他完成這個大願！」

隔天一大早，寺裡特別爲他們舉行了一場隆重的祝福儀式。

聽說有和尚將冒著九死一生的危險，要去西域天竺取經，聞風而來的百姓，把大殿擠得水泄不通。

不僅如此，連京城裡的各級官員也紛紛趕到，加入歡送的行列，並獻上他們的敬意。

大雄寶殿上，住持❸、長老披著袈裟，率領著寺內的僧眾，虔誠地爲他們的遠行而禮佛誦經，祈求佛陀保佑他們能一路順風，平平安安到達天竺，順順利利取經歸來。

儀式過後，五位遠行僧各自背上行囊，合掌頷首爲禮，向住持、長老、僧

眾、官員、信徒致謝，然後從長安出發，向西而行，踏上西行取經的漫漫長路。

這五人行中，法顯大師的年齡最大，已六十開外。道整、慧應和慧嵬三位法師年齡相近，約五十歲左右，慧景法師是最年輕的一位，還不到三十歲。就整個團員來說，平均年齡偏高。

送行的信眾見到這種狀況，不禁議論紛紛起來：「唉！六十多歲的人了，如果不出家，該是含飴弄孫、安享晚年的時候了。取經必須越過沙漠、雪地，全是艱險的地方，他們那身老骨頭行嗎？」一位白髮、白鬍子的老者，發出這樣的感嘆！

「是呀！這種九死一生的西行任務，讓年輕和尚來做還可以，叫這些老和尚去，分明是要他們去送死嘛！」

「聽說不是住持要他們去的，而是他們自願的呀！」

「眞有這回事？我看這位法顯大師是活得不耐煩了……。」

「你怎麼這樣說法師，他的精神是可欽可敬的。爲了我們後代的幸福，他們不顧自己生命的危險，甘願吃苦，跋涉萬里，前往天竺取經……。」

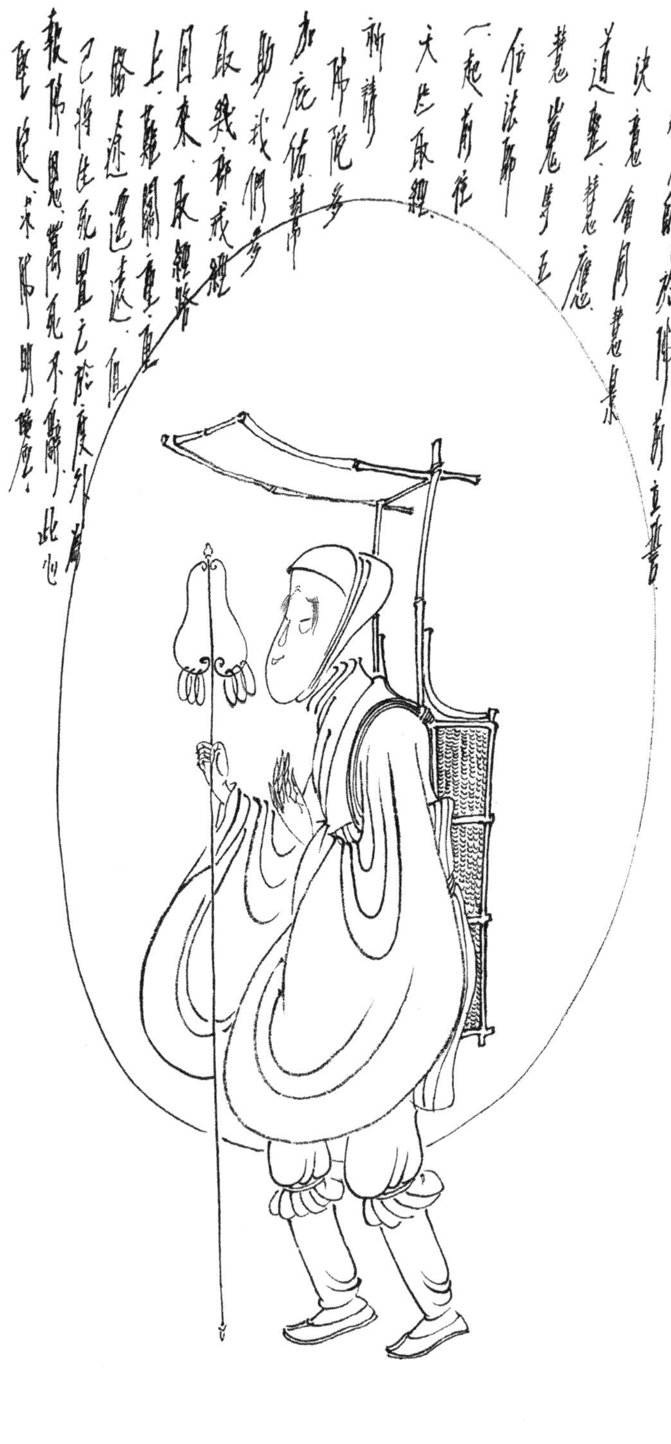
法顯大師於佛前立誓，
決意會同慧景、
道整、慧應、
慧嵬等五
位法師
一起前往
天竺取經。
祈請
佛陀多
加庇佑幫忙
助我們多
取幾部戒經
回來。取經路
上，雖關關重重
路途遙遠，但
已將生死置之於度外，為
報佛恩，雖死不辭，此心
堅定，求佛明鑒。

「對不起，我說錯話了，其實我並無惡意，只是爲他們的安危擔憂，情急之下才如此說。」

「我們閒話少說，爲法師們念佛祝福吧！」

議論聲漸漸停止了，個個斂目合掌，恭誦著佛號，而那支五人求經隊伍，早已走遠了。

❖ 註釋 ❖

❶ 輪迴：佛家有六道輪迴之說，謂眾生隨著習性、業力於地獄、畜生、餓鬼、人、天、阿修羅六道之中反覆重生。

❷ 佛陀：西元前五百六十年印度釋迦族王子，捨棄王位出家，於菩提樹下開悟成佛，始創佛教，將所悟之佛法流傳下來。

❸ 住持：掌管一寺的主僧，亦稱方丈，有久住、護持佛法之意。

02 聚散匆匆沙漠路

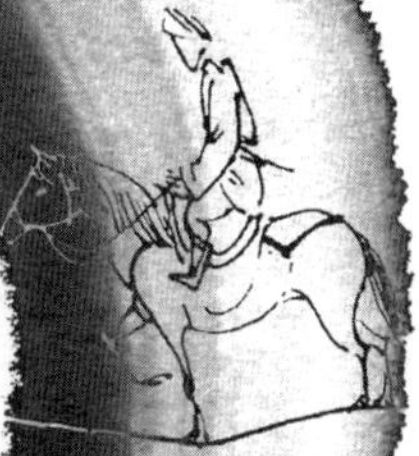

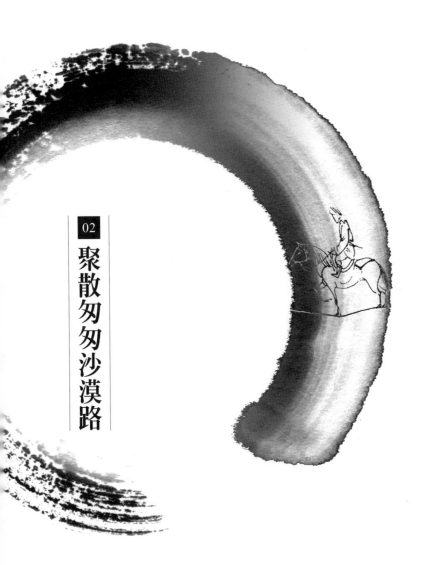

五位志同道合的出家人，出長安城後一路西行，經過陝西隴縣，來到乾歸國（今甘肅蘭州）。

已四月中旬了，正逢雨季，寺院進入爲期三個月的結夏安居❶。有鑑於雨季旅行不便，一行人便留下安居修行，直到七月中旬，才再向西前進。

接著來到耨檀國（今青海西寧），由此越過養樓山（南山山脈），前往張掖鎮（今甘肅張掖縣西北）。

這一路行來，眞是艱苦備嘗。他們翻山越嶺，曉行夜宿，飢餐渴飲，不敢稍有耽擱，急急趕路，無非希望早日到達天竺，求取所需律藏而歸。

沿途他們親若兄弟，彼此照應，關懷之情溢於言表。法顯大師如識途老馬般，總是走在隊伍的最前頭。道整法師體恤他年紀最大，好幾次要替他背負行囊，都被大師婉言拒絕，並道：「別擔心，我挺得住；因爲我心中有佛啊！」

他們的僧鞋已髒，雙腳早已磨破了皮，又紅又腫，沁出的血染紅了鞋面。腳趾頭也因爲摩擦過於厲害，長出厚厚的繭。全身骨頭像有無數螞蟻在爬行

咬嚙般，感到痠痛無比。由於長途跋涉，體力耗損太多，他們的面龐顯得清峻消瘦。

「啊！張掖鎮快到了，我們可以在這裡好好休息一下，補充、補充體力。」法顯大師爲大家打氣。

「眞的！我看到城牆了！」道整法師高興地說。

「太好了！我終於可以好好睡一覺，順便安撫一下一直喊痛的兩條腿了！」最年輕的慧景法師露出了欣喜的表情。

「加油！我們再向前走吧！」

眼見張掖鎮已在望，五人精神一振，加快了腳步。

由耨檀國到張掖鎮，一走就是九個月，到達張掖鎮時，是隆安四年（西元四〇〇年）四月中旬。

進到張掖城內，發現城裡正在大亂，道路不通。一行人興奮的心情，立刻降下來。

所幸，張掖王對這幾位法師相當禮遇，留他們在寺院結夏安居。此時在城內遇到僧紹、智嚴、寶雲、慧簡和僧景五位法師，也有志前往天竺求法，於是大家便一同留下來安居。

到了七月中，安居結束，五人行一變而成十人的行列，歡歡喜喜地朝下一站——敦煌邁進。

敦煌太守李暠，是個虔誠的佛教徒，很熱忱地接待西行的十位法師。大家便在此停留下來，一方面試圖了解即將橫渡沙漠的氣候、地形狀況，也準備橫渡沙漠所需的一切。

一行人一停留又過了一個月，法顯大師不願再耽擱行程，便向李太守辭行。

此時李太守面有難色地說：「眞是抱歉！這一個月來，只準備了五人份的東西，另五位所需的物品一時還沒齊全……。」

出家人不喜歡給人增添麻煩，於是寶雲法師說：「法顯師兄，您們先走，我們隨後就到。」

「這樣也好，」法顯大師說：「我們約定一個相會的地方吧！」

寶雲法師沉思片刻後說：「我們在焉夷國（今新疆焉耆縣）相會，再一起越過葱嶺。」

隔天一早，法顯大師等五人，就向李太守以及寶雲法師等五人辭行。李太守擔心這一路上法顯大師等人的安危，除了爲他們準備充足的食物、馬匹，還安排了隨著去鄯善國的使者，爲他們引路。

從敦煌到鄯善國，約有一千五百里的路程，其間沒有湖泊河流，更沒有青草綠樹，有的只是一望無垠的沙漠和大風揚起的漫天黃沙。

使者騎著馬，在前頭領路。行腳僧們牽著一匹馱著水和糧草的馬，徒步跟在後頭。

他們即將展開與沙漠的一場大搏鬥。

沒有人開口講話，他們一聲不響的，只管走路。

空中沒有飛鳥，地下沒有走獸，張眼四望，竟是渺渺茫茫，唯沙漠一片而已。

更令人難以忍受的是日夜間的溫差。沙漠裡的白天，在太陽底下，氣溫總在攝氏三十度以上；但是一到太陽西落，氣溫立即急速下降，低到接近冰點。

白天，他們接受逼近高溫的煎熬；夜晚，得忍受幾近冰點低溫的襲擊。這種沙漠型的氣候，對從漢地來的人而言，是非常難以適應的。

為了應付這種大冷大熱的氣溫變化，法顯大師要大家在太陽還沒升上來前出發趕路。

艱難的三、四天熬過去後，他們已能適應，以為從此可以高枕無憂，一路順風了。哪知危機埋伏前頭，正等待著他們前來接受考驗。

天空一直保持著蠟染似地湛藍，萬里無雲。太陽像個大火球，毫無遮掩、肆無忌憚地烤曬著大地。閃閃發亮的沙地上反射出來的強光，扎痛了他們的眼睛。

沙丘鬆散，一腳踩上去，竟陷下半腳。不能垂直而登，只好採「之」字形斜上的走法，才能登上沙丘。

極目眺望，天地之間似乎沒有明顯的界線。看不見樹和綠地，所能看到

的，只是沙而已。

汗水直淌，衣衫早已濕透。炙熱的陽光把他們的臉龐都曬紅了，肩膀也感到又燙又痛。

沙地熾熱滾燙，兩隻腳踩踏上去，猶如魚入油鍋，幾乎可以聽到腳底發出嘶嘶的聲響。

汗水淋漓，身體內的水分正大量流失。在沙漠中，水比什麼都來得珍貴，除非必要，他們絕不多喝一口水。也因此，喉嚨總有烈火在燃燒般的灼熱感。

他們的腳走出了水泡，從腳趾到腳跟，從這側到那側，兩隻腳布滿了水泡，而早已起泡的腳底又冒出新的水泡，感覺雙腳已經死了。

使者伸出麻木、乾燥、焦渴的舌頭，舔舐著乾裂的嘴唇，他抱怨著說：「天呀！就像被火燒著似的，我的舌頭乾燥得幾乎僵硬了，感覺上，它比平常腫了好幾倍呢！就像一塊布塞在兩排牙齒中間，真難受啊！」

他的這番話，五位遠行僧感同身受，不禁發出一陣苦笑。

「施主，你說的眞好，我們深有同感啊！那兩排牙齒中間的乾布，擠得嘴

天空一直保持著蠟染似的湛藍，萬里無雲，太陽像個大火球，毫無遮掩，肆無忌憚地燒曬著大地，閃閃發亮的沙地上反射出來的強光，扎痛了他們的眼睛，極目眺望，天地之間，似乎沒有明顯的界線，

巴眞不舒服耶！」慧景如此應著。

隨著大家又是一陣哄笑，但很快又恢復了一片靜默。

酷熱的天氣使人的知覺麻木了，笑容也消失得很快。

驟然間，天空馱來一團團烏黑色的雲朵，把藍天塞得密不通風。

使者大驚失色，囁嚅著說：「慘了……慘了……，他來了……！」

「誰來了？」道整法師慌張地問。

❖註釋❖

❶結夏安居：又稱結夏，即在夏季的三個月中，僧眾不得隨意外出，以便專心修行。

03

狂風飛沙奈我何

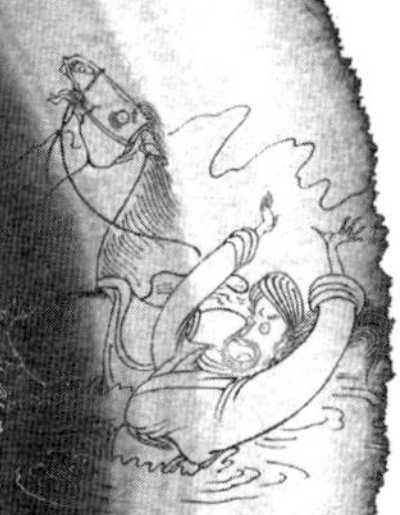

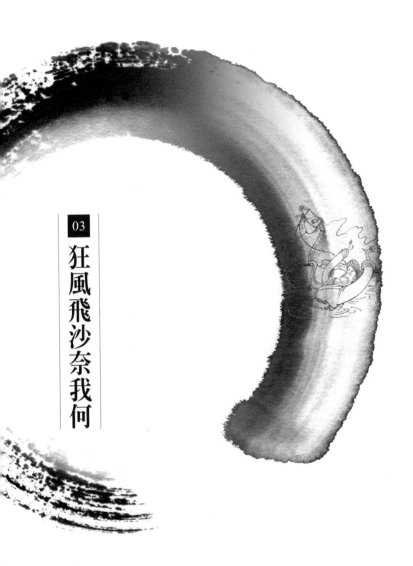

驟然間，天色昏暗，好像太陽燈被誰關掉了，天地間頓時一片蒼茫。

起風了。

使者的臉色變得慘白，以顫抖的聲音說：「沙、沙、沙漠中……，最、最、最可怕的『惡鬼熱風』來了……。」

他的話剛說完，風勢突然轉強，陣陣強風颳起漫天飛沙。

頃刻間，強風在大沙漠中到處撒野、狂飆，沙粒隨之起舞，呈現一副可怕景象。

沙粒眞刁鑽，連鼻孔、嘴巴也不放過，更甭說身體各處了。

行腳僧們只能瞇著眼勉強行走。風力愈來愈強，迎著撲面而來的狂風沙，他們一小步一小步掙扎前進。

使者說來的是「惡鬼熱風」，可一點也不假。被炙陽烤曬著的沙粒，隨風狂舞，一顆顆打在人的肉體上，灼燙著法師們每一寸的肌膚。狂風沙咻咻不絕於耳，如鬼叫，似狼嗥，以「惡鬼熱風」稱之，並無不當。

留在地面上的足跡，一出現就消失。被烤熱的紅沙，漫天飛舞。

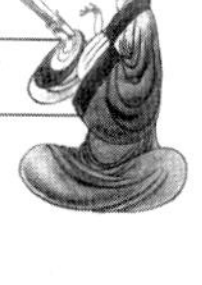

使者想到遇見「惡鬼熱風」，無人可逃生，他驚慌失措地狂叫著：「天啊！難道世界末日來臨了嗎？我再也受不了啦，我要離開這個鬼地方！」說完，他縱身躍上馬背，鞭打馬兒揚蹄前進，但馬兒不肯走，一直在原地打轉。使者惱火了，情急中拿出匕首往馬背上用力捅了一刀，馬兒狂嘶一聲，痛得朝前狂奔而去。

使者和馬兒奔去沒多遠，道整法師發出淒厲的叫聲：「法顯師兄，你看……。」

只見使者和馬匹已陷入流沙中，動彈不得，眼看就要被流沙所掩埋。法顯大師正欲前去搭救，此時半空飛來一座沙丘，只一眨眼，已將使者和馬兒掩蓋，再也覓不著他們的蹤跡。

法顯大師誦出經文，爲往生❶的使者和馬兒祈福。

「阿彌陀佛！阿彌陀佛……。」法顯大師內心一片淒涼，低聲念著佛號。

這危機四伏的沙漠風暴，還要多久才會停息呢？

前有流沙，無論如何是再也不能前進了，法顯大師緊緊牽著馱著水和糧草

使者縱身躍上馬背，鞭打馬兒揚蹄前進，馬兒不肯走，使者惱火情急之下，拿出匕首往馬背插了一刀，馬兒痛得狂嘶，朝前奔去，不幸陷入流砂，只見使者和馬匹已陷入流砂之中，動彈不得，眼見就要被掩埋，法顯大師欲前往搭救，半空中出現一座沙丘，只一眨眼，已將使者和馬匹掩蓋，再也尋覓不見他們的蹤跡。

法顯大師誦出經文，為往生的使者和馬祈福

的馬兒，要大家靠攏過來，趴伏在地面上，以減輕風沙鞭打的疼痛之苦。

雖然身子低低趴下，滿耳仍然灌滿狂風的呼嘯聲，震耳欲聾。眾人的嘴裡吃進不少沙子，耳朵裡也都是。沙子在身上起起落落，鞭痛了肌膚。

他們五體投地跪了下去，默念佛號，祈求佛陀保佑，流沙不要延伸過來，飛沙不要在這裡堆積，可怕的狂風沙能快點停歇。

整個沙漠似乎瘋狂了，沙粒亂飛，狂風怒吼，在這當兒，又竄起一陣龍捲風，從遠處呼嘯而來。

法顯大師等五人伏跪在沙地上，不知大難已臨頭。馬不安地跳躍著，似乎聞到了危險的氣息。

或許是佛陀庇佑吧！龍捲風離他們五丈外之處狂嘯而去，可是馬兒受到了驚嚇，掙脫法顯大師手中的韁繩，狂奔而去，轉眼間已跑得無影無蹤。

馬背上的水和糧食，也跟著被一起馱走。

沙漠風暴終於停止了。

天空層層密覆的烏雲，不知何時已被吹得一乾二淨。天，又恢復了湛藍。

五人從跪拜中起身，整理著僧服。

道整法師首先發現馱水和糧草的馬兒不見了，慧景法師急得叫起來：「水和糧草沒了，我們如何走過這片沙漠？」

慧應、慧嵬兩位法師沉默不語，面露憂色。

「馬兒走了，我知道。」法顯大師說：「水沒了，我們可以邊走邊找啊！各位，別忘了我們的初衷，我們不是早已將生死置之度外了嗎？眼前的災難又算得了什麼呢？」

經法顯大師這麼一說，四人低下頭來，露出羞愧之色。

不過問題來了。使者已死，缺了帶路的人，舉目所見盡是黃沙，分不清南北東西，究竟何方才是往西之路？

望著一望無際的沙漠，法顯大師心中有著不知何去何從的茫然！

法顯大師閉目不語，低頭沉思，再緩緩抬頭，望著連綿不絕的沙漠出神。

這時，他的視線彷彿看見了什麼，快步走了過去。

是骷髏！法顯大師招呼大家過來瞧瞧。

「你們看，往這個方向走去，骷髏散落著。這些人必是西行去鄯善國，途中不支倒地而死的，我們只要沿著骸骨前進，一定可以越過這片沙漠。」

四人臉上露出欣喜的笑容，更佩服法顯大師的睿智，重新整理手中僅存的衣物，一行人邁著沉重蹣跚的步伐，又踏上了旅途。

找不到東西裹腹，就把路途上的風景當成饗宴；覓不著水喝，就把沙漠想成是一片汪洋大海。

經歷這一天生死的搏鬥，晚上，他們仰天躺在沙地上，望看頂頭那一輪彎月，心中各有各的想法。

「唉！」慧景法師嘆了一口氣說：「艱難的一天終於過去了，回想起來，還令人害怕不已呢！」

「是呀！」道整法師接了腔：「狂風沙眞是太可怕了，希望明天不要再碰到了！」

慧應、慧嵬兩位法師也發表了他們的感受。法顯大師卻在一旁沉默不語，面對生死攸關，大師不禁想起幼年時，也曾面臨的一場生死難關……。

＊　＊　＊

出生於平陽府武陽（今山西襄垣縣）的法顯大師，俗姓龔，原本有三個哥哥，可是出生後都活不過三歲就死了。父親擔心法顯也會步上哥哥的後塵，在三歲那年，便送他去佛寺剃度出家，做個小沙彌❷。

然而母親很捨不得他出家，老想念他，忍不住把他抱了回來。沒想到，回到家後他便生病了，且病得很重。眼見小命就要不保，這時，父母只好慌忙再將他送回寺裡。說也奇怪，法顯在寺院中才過了兩夜，病就奇蹟式地不藥而癒。就這樣，他一陣子住家裡，一陣子住佛寺地度過童年。

龔母因爲思念這個僅存的兒子，既想要他回來，又怕遭到災厄，在他生了一場重病後，在自家住屋旁建了一間小屋，做爲法顯的住屋，以便他隨時往來寺院及家中。

法顯十歲那年，父母先後病故，喪期過後，他返回寺中修學；到二十歲時，受了比丘大戒❸。法顯與佛門的緣，可說由生死關而來，如今出家也有六十多年了，既然早已將生命交給了佛菩薩，還擔憂、害怕什麼呢？

＊　＊　＊

回憶至此，法顯大師忍不住對大家說：「我這一生均在佛門中，感到佛法是個大冶洪爐，如果處在其中而沒能將自己煉就如鋼如鐵、成金成玉，那實在是太可惜了。這次西行求經，不也是抱著磨鍊自己、奉獻自己的心態出發的？相信只要我們的信心堅定，再艱苦的狀況都會過去的。」

四人都被法顯大師的這番話所動容，法顯大師堅毅的眼神，帶給大家一股力量，使大家再度打起精神，向前行去。

第二天，他們就在又飢又渴的情況下繼續趕路。

太陽蹦出來了，又是酷熱的一天。

五人嚴重暈眩，嘴脣已乾得裂開。他們眼前，都出現了一潭潭沁涼甘泉的海市蜃樓景象。趕到那個地點，看到的卻只是一片沙地而已。

再找不到水喝，他們就要乾渴而死。

眼見五人又要被困境擊倒，法顯大師默念著佛號，一心將生死交給佛菩薩。突然間心中靈光一現，聽到有股聲音說：「把自己當作水。當你能成爲水時，你就會找到。」

法顯大師敞開所有的感官，觀想自己是一泓湛藍的水，清澄、冷冽、浩浩瀚瀚、無盡無邊……。

果然，他嗅到了水，也聽到微弱的水流聲。循著水聲前進，法顯等人來到一窪小池邊，大家痛飲一番，並拿出裝水的羊皮袋咕嚕咕嚕灌滿水。

由敦煌一路行來，雖僅整整十七天，所歷經的千辛萬苦，彷彿隔世。其間又經歷了兩次沙漠風暴，他們總算徒步越過了沙漠，來到鄯善國。

鄯善國是一個土地崎嶇貧瘠的國家，國王雖信奉佛法，國內有四千多位出家眾，但均修學小乘❹法，與中土盛行的北傳佛法並不相應。法顯大師一行五人，在此停留一個月，作了充分的休息後，向西北行進，前往烏夷國準備和寶

法顯大師一
觀望自
己是一泓遠
藍的水
清澄
冷冽
浩浩瀚瀚
無盡無邊
眾人、他嗅到
水、也聽到水
微弱的流動
聲、循聲前
進、法顯大師等
來到一小窪池邊
大家痛飲一番
並拿出裝水的
羊皮袋咕嚕咕
嚕裝滿了水。

雲等五位法師會合。

西行之路，地勢險惡，危機四伏，他們幸運地逃過沙漠風暴的襲擊，是否還能安然渡過下一關呢？

❖註釋❖

❶往生：佛教稱死亡為往生，相信生命結束後，精神會轉往他方世界投生。

❷沙彌：初出家未受具足戒的男眾。

❸比丘大戒：具足戒中男眾當受的戒律，共有二百五十戒。

❹小乘：原指小車子，借喻小乘佛教重視自我修行的務實精神。小乘教派流傳於泰國、緬甸、斯里蘭卡等國，又稱南傳佛教。

04

崇山峻嶺是道場

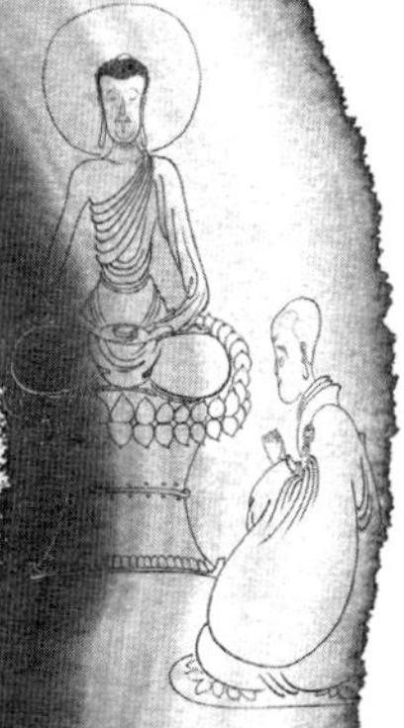

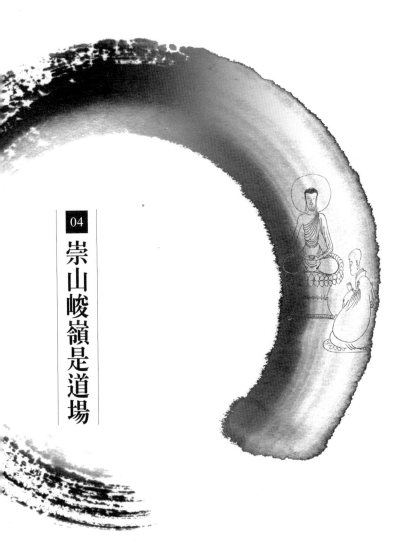

佛教在焉夷國可說是相當興盛，此地約有四千多位僧人，和鄯善國一樣以精研小乘佛法為主。他們對外來的僧眾並不是很認同，法顯大師想到與寶雲法師相約在此國，但想停留此地又頗有問題。

正在為難之時，當地一位士紳符公孫得知法顯大師的難處，立刻留住大師一行人，並供養❶他們。

這一停留，就待了兩個多月，才與由高昌而來的寶雲法師等五人會合。法顯大師集合十個人，籌畫西行的路線，想不到剛到的智嚴、慧簡兩位法師卻有不同的看法。

「這裡的人情如此涼薄，我們在此恐怕無法籌到足夠的經費。」慧簡法師擔心地說：「我和智嚴法師商量過了，十人同行，旅費不足，不如你們先行，我們去高昌國（今新疆吐魯番）求點旅費再趕往相會。」

法顯大師正沉吟著，從長安同來的慧嵬法師也開了口：「是呀！實在是需要有點旅費才好，我也打算隨他們兩位同去。」

就這樣，智嚴、慧簡、慧嵬三位法師走了回頭路，往高昌國而去。

天無絕人之路，他們缺少盤纏的事，符公孫知道後，慷慨解囊相助，他們才能順利再出發，向西南行去。

這一路行來，中途沒有人煙，涉行艱難，走了三十五天，到達了于闐國（今新疆和闐縣）。

于闐國是豐衣足食的國家，人民也非常的熱情，又都信奉大乘❷佛法，家家門前皆搭起小塔，做為四方僧房，提供客僧休息；本國的僧眾多達數萬人。法顯大師一行七人一抵達，便受到當地熱切的歡迎，爭相供養。而國王更親自接待，安排遠道而來的法師們，住進全城最大的佛寺。

這所佛寺名為瞿摩帝寺，是大乘佛寺，寺內出家眾多達三千人，是一個有規模、有秩序的僧團。每天一到過堂時，出家眾們個個威儀整齊，依序而坐，非常壯觀。三千人一起用齋，卻寂靜無聲，沒有缽器碰撞的聲音，當然更沒有說話聲。法顯大師對此地道場的道風非常讚歎，又碰上一年一度的大法會，決定留下來參訪。而慧景、道整、慧達三位法師，則先行出發向竭叉國（今新疆喀什）而去。法顯大師等其餘四人，則停留達三個月之久。

法會結束後，僧紹法師遇見一位胡僧，聽說罽賓國（今喀什米爾）歡迎中土來的法師，決定隨他而去。

六十六歲的法顯大師與寶雲、僧景兩位法師，則於隆安五年（西元四〇一年）四月十四日，離開于闐，費了近一個月，來到子合國（今新疆葉城）。這個國家的國王也是虔誠的佛教徒，國內有上千位僧眾，以修學大乘佛法爲主。三位法師在此十五天，有了足夠的供養，再向巍峨高聳的葱嶺出發。

南行四天至葱嶺，三人在於麾國（今新疆塔什庫爾干）安居三個月，再翻山越嶺到達竭叉國。慧景等三位法師早已在此等候了。

竭叉國正在舉辦一場五年一度的般遮越師（五年大會，也稱爲無遮大會）。這是佛陀入滅後五百年，阿育王所創設的大法會，每五年舉行一次，由國王或諸侯群臣主持，以盛筵擴大供養僧眾的大集會。一度盛行於印度、西域等地，多半是在春季舉行，會期最長可達三個月。但竭叉國這次的法會，卻是在秋季舉行。

佛殿懸掛上旗幟幡蓋，並用金色、銀色的蓮花裝飾著僧座。這場盛大的法

竭叉國正在舉辦五年一度的般遮越師
佛殿上懸掛旛幟幡蓋、並用金色、
銀色蓮花裝飾僧座、法座上，僧眾
們皆是四方僧眾依序而坐
莊嚴肅穆的氣氛、由
大殿中慢慢散溢出來、

會，請來鄰近各國的出家法師、四方僧眾雲集於佛殿中，依序而坐，絲毫不紊亂，一股莊嚴肅穆的氣氛，自殿堂中散發出來。

此時，國王率領著群臣，用一份恭敬的心情，謙卑如法地供養每一位僧眾，全然沒有一國之尊的傲氣。法顯大師等人第一次遇到這麼難得的法會，深深爲之感動。

受施了足夠的供養，再向西行，預計費時一個月，可以度過葱嶺，到達北天竺國（北印度），而這段路程，也正是最艱險的一段山路。

嶺上冬夏不分，終年積雪，山路崎嶇難行，壁立千仞，懸崖深不見底，當地人稱爲雪山。傳說山中藏有「毒龍」這種猛獸，每每稍不順意，就會吐毒風，吹得雨雪沙礫齊飛，遇到毒風的人，還沒有倖免於難的紀錄。雖知難行，爲了取經，大家仍鼓足勇氣，冒險一試。

山上空氣稀薄，氣壓很低，大家都有胸痛、氣塞的感覺。有人開始嘔吐，有人頭昏昏沉沉。

他們邁著步伐前進，腳底早已凍傷了，但似乎毫無知覺呢！

「冰雪滑溜，前面多懸崖，大家放慢腳步小心走。」通往山巔之路，愈來愈險峻，他們艱難地挪動著每一步。每個人都走得很辛苦，體力老早就透支了。

可是他們不敢停下來休息，深怕停止四肢的活動後，身體會逐漸僵硬，影響血液的流動。於是他們咬緊牙根，努力往上爬。

「法顯師兄，我沒有力氣再前進了！我再也走不動了！」

法顯大師回頭一看，是慧景法師在喊他。

「那麼，我們就站著休息一下吧！」法顯大師走過來，要大家吃些乾糧好補充體力。他安慰慧景法師說：「休息一下就好了，你一定要有信心，才能生出力量來。」

慧景法師吃著乾糧，點了點頭。

這眞是一段艱辛的路程。他們身處懸崖絕壁的山腰上，往上看是高聳入雲的峭壁，往下看則是深不見底的懸崖。更糟糕的是，前頭已無路可走。

如何走過這堵石壁？法顯大師看見石壁上鑿了一排石孔，立即吩咐大家尋找木樁，然後他先示範如何走法。

法顯大師手中拿著三根木樁，先把一根插到頭一個石孔裡，將右腳踏在木樁上，再插第二根，讓左腳踩上。然後再插第三根木樁，把站在第一根木樁上的右腳，移到第三根木樁上，再把背後的一根拔出來，插在前面的石孔裡，眾人依序小心翼翼地跟著做，緩慢移位。若稍有閃失，一腳踩空，底下便是深不見底的懸崖，後果眞不堪設想。他們就這樣一步一步慢慢走，才橫越這堵石壁，踩上另一羊腸小路。

法顯大師早聽人家說過，葱嶺懸崖絕巖多，今天總算是見識到了。因爲這樣的路程，一天就有十多處，而整個葱嶺，必須經過七百多處這種石壁！

他們不是爬山專家，年紀又偏高，這一大段路程對他們來說，眞是歷盡了千辛萬苦。

而坐吊索過山峽的情形，更是驚險萬狀。它的設備十分簡陋，一根粗繩，掛在山峽兩側，繩子一端懸著小桿，人坐在桿子上，拉著粗繩，隨著桿子的移動慢慢盪過去。

人坐桿上，不十分平穩，又得費力拉繩，重心更不易把持，偶爾一陣強風吹來，坐桿前後搖擺似鞦韆，令人不禁嚇出了一身冷汗，因爲底下是萬丈深淵哪！法顯大師有感而發：「出家求道這條路，就像過石壁、坐吊索一樣，每一步都有可能掉落，實在不容易啊！」

聽了法顯大師這段話，大家若有所悟。好不容易越過了葱嶺，眾人以爲可以鬆一口氣了，哪裡曉得無常來得這麼迅速……。

❖ 註釋 ❖

❶ 供養：將衣物、食物、金錢等，以恭敬心奉獻給佛、法、僧三寶及他人。

❷ 大乘：原指大車子，借喻大乘佛教度盡眾生離苦得樂的精神。大乘教派流傳於中、日、韓等國家，又稱北傳佛教。

05

小雪山慧景往生

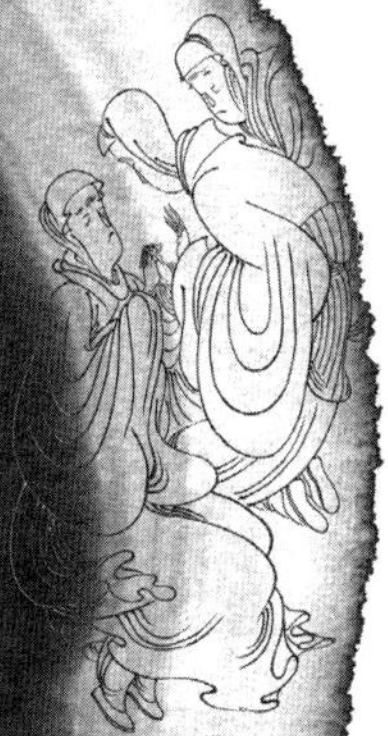

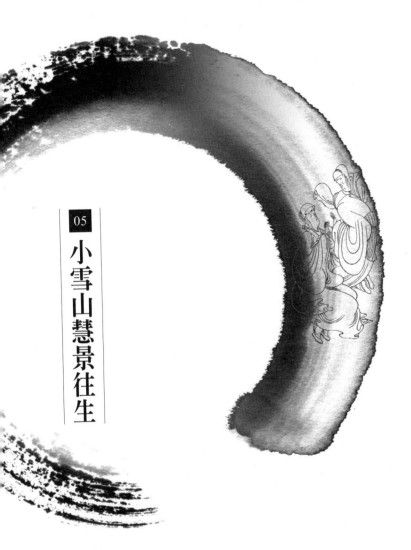

過了葱嶺，已進入北天竺，橫渡新頭河（今印度河），六位法師來到了烏萇國（又作烏仗那國，今巴基斯坦斯瓦特河流域）。一千多年前，佛陀曾到過這兒，留下了聖跡。

法顯大師想參禮北天竺佛陀的遺跡，然而道整、慧景、慧達三位法師卻不想去，這麼一來，人員又分成了兩路。

道整法師等三人直接往那竭國（今阿富汗喀布爾河南岸）出發，留下的法顯、寶雲、僧景等三人，先在當地夏坐，結夏安居圓滿後，巡禮宿呵多國（今印度斯瓦斯梯）、犍陀衛國（今巴基斯坦喀布爾河流域）、弗樓沙國（今巴基斯坦白沙瓦）等三個國家，再前往那竭國。

一行六人，最後在那竭國的佛鉢寺會合。

僧景、寶雲、慧達三位法師，參禮佛鉢寺後，即打道回國。

慧景法師不堪旅途勞累，病倒在佛鉢寺。

這支遠行求經隊，從原本五人增加到十人，走到半路上，又從十人減為六人，現在只剩下三人了。

生病的慧景法師自責很深，他內心如此想著：「法顯大師拚著老命，不遠千里而來，無非希望早日求得所需經典，如果因爲我的病誤了他的大願，豈不是罪孽深重嗎？」

因此，慧景法師在自己病況稍有好轉時，立刻催促法顯大師上路。

頭二、三天，慧景法師還撐得住，到了第四天……。

正當他們爬上小雪山的那一天，雪花紛飛，冰凍的冷天氣，使他們呼出的氣都化爲圈圈白霧。

慧景法師還沒完全康復的身體，遇到了惡劣的天氣，立刻舊疾復發。但他還是喘著氣，捂住發痛的胸口，拖著蹣跚的腳步勉強前進。恍恍惚惚走了一段路後，他不得不停住了腳步，發出一陣呻吟：「冷……，我好冷呀……。」

法顯大師和道整法師趕緊圍上前去：「慧景法師，你怎麼啦？」

「我……，」慧景法師咬著牙說：「我……好冷……好冷……，走不動了……。」

法顯大師摸摸他的手，哦！幾乎跟冰塊一樣，再摸摸額頭，也是一樣。

法顯大師十分憂心地說：「慧景法師，你病得不輕呢！」

漫天的雪花，飄落不停。他們三人的頭上、肩上堆積不少白雪。道整法師拂去慧景法師身上的雪花，一臉的茫然，擔心地說：「法顯大師，怎麼辦？」

個性堅毅沉穩的法顯，此刻竟有不知該如何救慧景的感覺。小雪山位於葱嶺的南面，也就是現在阿富汗都城附近的白瓦里山。後面杳無人蹤，前程更是雪花渺茫，慧景法師病在這裡，沒人可求救，該如何是好？

「我實在……撐不住了……。」

慧景法師頹癱坐在雪地上，不停地喘氣。

「振作點，慧景法師。」道整法師拍著他的背。

「冷……冷……，好冷……。」

慧景法師身子一歪，眼看就要倒向雪地，法顯大師連忙解下毛氈，鋪在雪上，讓他躺下來。

哼哼唧唧，慧景法師的陣陣呻吟聲，撕裂了法顯大師的心。

「法顯師兄，你看！他口裡湧出了白沫！」片刻後，道整法師發出一聲驚

呼。

可不是，此時慧景法師的臉形嚴重扭曲著，嘴角白沫沁出，法顯大師趕忙伸手爲他拭去。

雪花，仍然飄飛不休。

慧景法師喉嚨嘟囔著，似乎想說些什麼，法顯、道整兩位法師把耳朵湊過去，只聽得他費力說出：「法顯、道整師兄，對不起，我沒有辦法再陪兩位求經了……，我……。」

那聲音，微弱中透著比冰雪還冷的絕望，法顯大師的心咚地一沉，眼眶一熱，淚珠自眼角溢出……。

道整法師也是一臉的悲戚。

「慧景法師，你千萬別說這種洩氣話，休息片刻，你的體力就能恢復了。我們取經後，還要一起回去漢地呢！」

法顯大師嘴裡說著安慰話，可是他心裡明白得很，慧景法師病況嚴重，恐怕……。

「想不到……我年紀最輕……走得最早……。」說到這裡，慧景法師開始劇烈地咳嗽，也咳出了滴滴清淚。

面對人生的生離死別，出家人也一樣有著深深的哀痛。

慧景法師口中又傳出微弱的聲音，法顯和道整法師再把耳朵湊過去。

「兩位師兄，你們快走，不要管我，我不行了……我要往生了……，讓雪花將我埋葬吧……。」

「不！我們不走！」法顯與道整法師同聲說著。

雪，下得更大了，飄了慧景法師一身。道整法師連忙拂去他身上的雪花，法顯大師脫下一件外衣，加在慧景法師的身上。

躺著的慧景法師試圖坐起來，掙扎一番無效後，他氣喘得厲害。驀地，他睜大著眼睛，注視著法顯和道整法師，用盡全身的力氣說：「走！不要管我！難道你們這樣愚癡嗎？快走！我不用你們陪葬，大雪就要來臨了！」

生死關頭，棄道友於不顧，於心何忍？這萬萬是法顯和道整兩位法師辦不到的。他們壓抑住滿腔的悲痛，不停地拂去慧景法師身上的雪花。

慧景法師對法顯大師及道整法師說、兩位師兄、您們快走、我不行了、不要管我、我即將往生、讓雪花將我埋葬吧。

慧景法師下半身已經慢慢僵硬，上半身也不能動彈，但鼻間猶有微弱的氣息。慧景法師知道時刻到了，像黃昏的夕陽行將隱入地平線下，他以迴光返照之力再次睜開兩眼，用眼睛示意，要他們把耳朵湊近他的嘴邊。

「法顯、道整兩位師兄，我先走一步了，來日佛國再會面。勇敢去達成任務吧！我會保佑你們……一路……平安……。」

說完這些話，慧景法師帶著最後一抹淒涼的微笑，往生佛國了！

道整法師撫屍痛哭，哀嚎著說：「慧景法師，你的病還沒完全痊癒，爲何要瞞著我們？我們的大願還沒達成，你爲何就先走了……。」

法顯大師將那件法衣拉上，蓋住慧景法師的臉部，淚，自他六十多歲多皺的臉頰迅速滑落……。

法顯大師站起身來，仰起臉，望著四周，一片白茫、淒涼，兩位老法師撫著一具屍首，在這異國的雪地裡。淚水，伴隨著雪花飄落，又消失在冰雪中，法顯大師口裡默念著佛號爲慧景法師祝禱。

法顯大師低頭一看，大雪已將慧景法師的遺體完全掩蓋住。慧景法師，是被雪花給埋葬了……。

像兩尊石雕佛像，兩位老僧站在飄飛的大雪中低聲誦著佛經，希望梵唄❶聲伴慧景法師走上一程。

雪花，隨著誦經的揚起而愈下愈密……。

❖註釋❖

❶梵唄：以特定的曲調唱誦經文。

06

憶往事少年英雄

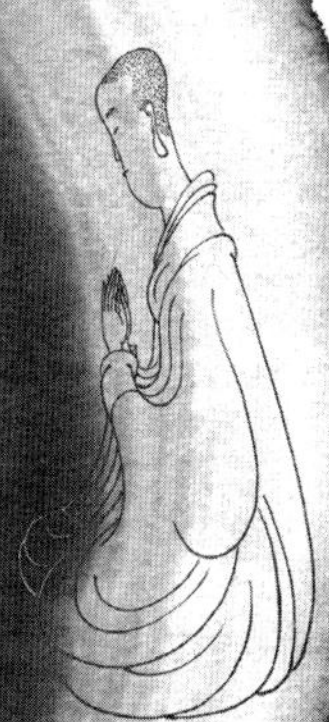

下了小雪山，他們來到了羅夷國（今巴基斯坦勒吉），這時是元興二年（西元四〇三年）了。

羅夷國中有三千僧人，學大乘、小乘佛法的都有；此時正是結夏的季節，法顯和道整法師就在羅夷國結夏安居三個月。

自從慧景法師圓寂❶後，法顯大師變得沉默了。有時一整天都不說一句話，只是不斷地拜佛。

道整法師看在眼裡，心如刀割，他不希望法顯大師一直這樣下去。

一天夜裡，明月當空照，皎潔銀光傾瀉一地，道整法師望著月亮，不禁思念起故鄉來。他輕輕嘆了一口氣，對若有所思的法顯大師說：「我們這一路行來，歷經千辛萬苦，算算日子，已有四年之久了。」

「是呀，四年了……。」法顯大師的心湖被撩撥起了什麼，也感嘆了一聲。

「十人的求經隊伍，現在只剩下我們兩個了。」道整法師想激起他昔日求取戒經的那股雄心壯志。

「是呀！只剩下我們兩個了……。」法顯大師呢喃著，望著窗外婆娑起舞的枝椏出神。

「法顯師兄，您還記得年輕時的往事嗎？」道整法師意味深長說著。愣在窗前的法顯大師雖杵著不動，腦海裡的回憶寶匣已輕輕開啓……。

＊　＊　＊

二十歲那年在受過具足大戒（比丘戒）以後，法顯大師就住在長安大石寺裡。

那天，他和幾位年輕沙彌在田裡收割稻子，突然來了一批兇神惡煞，個個拿著大刀，要搶奪他們的稻穀。

有位沙彌喊著：「殺人不眨眼的盜賊來了，我們快走，免得遭到他們的毒手啊！」

其他沙彌聽了覺得有理，一個個放下手中的工作，慌慌張張地跑開躲了起來。

一時間，稻田空蕩蕩的，只剩下法顯一個人。

盜賊的首領覺得很奇怪，問他：「別人都逃走了，你爲什麼不逃？」

「你們是來搶稻穀的吧？」法顯以平穩的聲音說：「如果你們要稻穀，就隨意拿去好了。」

他不逃，已經使得盜賊都感到奇怪了，聽他這麼一說，更覺詫異。

盜賊們目不轉睛地盯著法顯，露出一臉的疑惑。

「你們知道爲什麼會淪爲今日的下場嗎？你們想明白爲什麼別人衣食無缺，而你們卻常餓肚子的道理嗎？」面對這群兇惡的盜賊，法顯心裡一點也不畏懼，因爲見到他們搶奪爲生，他爲他們感到悲哀。

「你們在過去生中，從來不肯布施❷任何東西給人家，所以現在才常受饑餓的果報。而今天你搶奪別人的東西，恐怕來世還得加倍奉還，搶奪愈多，將來要還的也愈多，我實在爲你們的未來擔憂。」法顯說完了，掉頭便向寺院的方向走去。

原本來勢洶洶的盜賊，先是爲法顯的膽識所懾服，再聽到法顯所說的話，不但沒有抗拒的意思，反而以慈悲心擔憂他們。他的話，緩緩進入盜賊的耳中，形成一股力量，喚醒了他們心中善良的種子。

首領望著滿地黃澄澄的稻穀，默不作聲，突然地，他把手一揚，一群盜賊兩手空空地全走了。

躲在暗處的沙彌紛紛圍向法顯，一方面羞愧於自己的懦弱，也被法顯的行爲所感動。

很快地，這件事就在大石寺傳揚開來。上自住持，下至工人，比丘❸、比丘尼❹、沙彌等，對於法顯英勇的舉動，無不佩服不已，更贏得「少年英雄」的美名。

＊　＊　＊

「當年您多麼地勇敢，膽識過人，您三言兩語擊退盜賊的故事，不斷地被傳頌著，成了後輩們的模範！」回憶起這段往事，道整法師由衷地說：「還記得剛認識您時，對您是多麼地景仰，何其有幸如今有這份機緣，與您患難與共。」

原來道整法師的俗名姓趙名正，別號文業。在秦朝符堅時代，他曾位居高官。

佛緣來了，當道安大師應符堅的邀請來到長安，道整便被符堅派遣協助道安大師，擔任監譯佛經的工作。

道整是個有智慧的人，自從加入監譯佛經的工作後，一閱佛經，深深覺得佛理實在太高明精深了、是人間至寶，值得一輩子鑽研，便剃度出家了。

道整出家後便住在大石寺，聽說這寺裡有位大名鼎鼎的法顯大師，特地去探望，兩人一見如故，成爲同參道友。

法顯大師見到當時世局混亂，社會人心墮落，內心十分感慨。好幾次，他對道整法師說：「孔孟的儒家思想雖然發揮了應有的力量，但對人生的究竟沒

有圓滿的答案，因此很難抑止人欲的橫流。於是人心的混亂和墮落，日甚一日……。」

道整法師愈親近法顯大師，愈覺得他的不尋常，總覺大師不是凡夫俗輩，內心有著什麼「雄心壯志」吧！

因此，他直截了當地問道：「是呀！人心日見沉迷，不知大師有什麼高明的見解？」

法顯大師正容道：「欲挽救墮落、混亂的人心，當然只有靠佛法了！這也是最正本清源的做法。倘使人人奉行佛陀遺教，認眞修持，識得本性，體認我心即佛心，世界就可太平。」

「大師所言即是，可是我們要如何去做呢？」道整法師的內心生起恭敬之心。

「闡揚佛陀思想，最重要的是先要有弘法所需的佛經。」法顯大師臉上浮起一層陰影，「唉！佛家的理論是高深的，可是佛教的經典又是這麼殘缺不全，如何能將佛法弘揚開來？」

一日道盤法師親近法顯大師，問：人心日見混迷，不知大師有何高明見解？

法顯大師正容道：欲挽救墮落、混亂的心，當然只有靠佛法了。這也是最正本清源的做法。倘使人人奉行佛陀遺教，認真修持，識得本性，體認我心即佛心，世界即可太平。

「是呀！很多佛經我們只知道它的名稱，卻找不到佛經的典籍，教我們如何去鑽研佛法的高深義理呢？」道整法師深有同感。

聽了這話的法顯大師，將身子轉向西方，眸中漾著興奮和期盼的雙重光芒，從嘴裡說出這樣的話：「佛陀降生於西方的天竺國（印度），如果我們走一趟天竺國，把所有佛經求回來，這問題不就迎刃而解了嗎？」

原來法顯大師有這樣的偉大志向呢！道整法師說：「可是，聽說佛的經典包含三藏十二部，多得數不清，又怎一次求得回來呢？」

「一次當然不行，這個問題我也想過了。」法顯大師說出了他的看法，「我們如果西行求經，首先要把目前我國最欠缺也最迫切需要的經典帶回來，那就是有關律藏這方面的經典。」

「律藏……。」

「在我們佛門經典中，包含經、律、論三藏。其中律藏，是記載佛門中的戒律威儀，也就是一個佛教徒應該遵守的規律。」法顯大師滔滔說著。

「我不明白，為什麼要先把律藏求回來？」

「律藏和經藏、論藏鼎足而立，同樣重要；可是目前中土，律藏中僅有一部戒律，那就是魏朝時代由康僧鎧所譯的《曇無德律部雜羯磨》❺一卷，戒經只有這一部，實在太少了！」法顯大師感慨萬千地說。

「沒想到當年的一番討論，促成了今日結伴取經的因緣。」道整大師輕聲嘆道。

「我沒有忘掉我們是如何相識的，也沒有忘了我們此行的目的。」法顯大師由回憶中醒來說：「想我三歲出家，一向過著清靜的出家生活。這趟西域之行，歷經許多艱難，我們患難與共，早把各位當成自己的親人。慧景法師的往生，使我有頓失兄弟的悲慟，人非草木，豈能無情？所以這些時日來，我一直陷於悲情中而不能自拔……。」

「可是大師，人死不能復生，悲傷又有何益？」道整法師勸道。

「你說的沒錯，悲傷徒增煩惱；然而慧景法師因我而來，若非陪我跋山涉水西行求法，或許不致遭此命運。」法顯大師自責甚深。

「不！大師，您千萬不要如此說。」道整法師說出了一件事：「慧景法師生病期間，我曾勸他回國養病，他堅決對我說：『我已立下志願，死都要死在佛國裡』，慧景法師如願了。」

「什麼？慧景法師眞的說過這句話……啊！如果是這樣的話，求仁得仁，也算是死而無憾了。」

法顯大師抬頭望了一下夜空，浮雲不知何時已散去，一輪皓月正閃耀著熠熠光華對他盈盈而笑。這一刻，積鬱在法顯大師心中的塊壘，像冬雪被春陽蒸融了，內心頓時天寬地闊起來。

❖註釋❖

❶圓寂：生命圓滿地結束，歸於寂靜。常用於敬稱出家修行人的逝世。

❷布施：用自己的財物、體力和智慧等去幫助別人，能累積功德，破除個人的

吝嗇和貪心。

❸比丘：出家人中受過具足戒（二百五十戒）的男眾。

❹比丘尼：出家人中受過具足戒（三百四十八戒）的女眾。

❺《曇無德律部雜羯磨》：羯磨是「會議」的意思。本書又名《四分律》，它以民主精神為原則，訂立僧團中決議種種事務的方法。

07

極樂佛國在人間

在羅夷國的夏坐結束後，法顯大師總算心情平復，和道整法師再度踏上征途。在北天竺的幾個國家中，求不到一部戒律。原來，這兒傳授戒律的方法，都是師徒口耳相授，他們只得向南而行，把希望放在中天竺上。

十日後，抵達另一個小國——跋那國（今巴基斯坦班努）。這個國家大約有三千位僧人，學的都是小乘。他們遍訪各大小寺院，依然沒有戒律的經典。

「法顯大師，如果整個天竺的戒律都是代代口耳相傳，我們這趟西域之行，不就白來了嗎？」道整法師有點失望地說。

「天無絕人之路，我不相信在天竺聖地裡找不到一部佛教的戒律。我們再往東走，去毘荼國（主要在今巴基斯坦東北部）試試運氣吧！」

來到毘荼國的那天，已是日薄時分，他們走進一座寺院。

知客僧❶上下打量著他們，以好奇的語氣問道：「兩位法師似乎是遠行僧，您們打哪兒來的？」

「我們從漢地來，步行四年才來到這裡。」法顯大師恭敬回答。

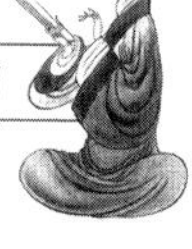

「嗄？走了四年啊！」知客僧一聽，露出驚訝的神情，然後很感慨地說：「爲什麼千里之外的人，都知道要出家當和尚，而且還不遠萬里來朝拜佛陀的聖跡，可是住在佛地的人，卻不知修福修慧呢？」

知客僧有感而發，既搖頭又嘆氣的。

法顯大師抓住這個機會，問道：「我們不是來天竺朝聖的，求取佛陀的戒律才是我們遠來最主要的目的，請問貴寺是否有任何佛陀傳下的律藏呢？」

道整法師睜大著眼睛，期盼有好消息。

「沒有。眞對不起，或許別的寺院有吧？」

希望落了空，法顯、道整兩位法師都有點失望。

不過知客僧爲他們萬里求經的精神所感動，非常熱忱地款待他們，臨行前還供給他們路上需要的許多東西。

知客僧的熱情相待，溫暖了遠行僧的心。他們向東南走了近四百里的路程，渡過遙捕那河，進入中天竺，抵達摩頭羅國（即秣菟羅，今印度北方）。

走在摩頭羅國的街道上，有一種清新的感覺。這裡的環境清靜幽雅，無論大街小巷毫無髒亂的現象，幾乎找不到垃圾。每戶人家的門前或窗台上都種滿五彩繽紛的花朵，將街道裝扮得一片七彩流蘇，宛若人間仙境。

更令法顯、道整兩位法師讚歎的，是這兒的百姓個個溫文有禮，臉上經常掛著微笑。

微笑不僅具有感染力，而且使空氣中流盪著親切、祥和及快樂的氣息。

「來到摩頭羅國，我覺得整個人輕鬆自在了起來。法顯大師，您覺得呢？」

「我也有同感，這兒是個好地方，令人有賓至如歸的感覺。」

走在街上的行人，無論男女老幼，看見法顯、道整兩位和尚，無不合掌行禮，他們對出家人的普遍尊敬，令這兩位遠行僧印象十分深刻。

「看來摩頭羅國是個佛法十分盛行的國家，也許我們可以在這裡求得律藏。」法顯大師欣欣然地說。

「哇！生活在這個國度裡，就好像生活在極樂世界一樣，要不是有任務在

走在摩頭羅國的街道上，有一種清新的感覺，這裏的環境
優雅，無論大街小巷處無髒亂的現象，每戶人家門前
或窗台上都種滿五彩繽紛的花朵，將街道
妝扮得一片七彩流蘇，宛若人間仙境
百姓們個個溫文有禮，
臉上總常掛滿微笑，
使的民氣平流露著親切
祥和及快樂的氣息。

身，我眞想在此地居住下來。」道整法師說出了他內心的話。

聽了道整法師這番話，法顯大師心裡產生一份不安，不過他並沒有明說出來。

「你還記得毘荼國那位知客僧的感慨嗎？」法顯大師笑著說：「他感嘆他的國人不知修福修慧，兩國相距不過四百里左右，想不到這裡的人這麼有福氣，雖然未必人人出家，可是個個都像是慈眉的菩薩。」

「是什麼樣的國王，把整個國家治理得這麼井然有序？」道整法師好奇地問。

「我們不妨找個人來問問。」

恰巧有一白鬍老人路過，法顯大師雙手合掌問道：「這位老施主，您好，貧僧有事請教……。」

白鬍老人見了他們，滿臉歡喜，好像遇見親友般，笑吟吟合掌問訊說：「兩位法師有什麼問題，請儘管問。」

「我二人由漢地來到這裡，一路上經過許許多多的國家，從來沒看過像貴國這樣，民風淳樸，百姓樂業……。」

老人聽了，不等法顯大師說完，便得意地插嘴說：「王治不用刑，官吏不欺詐，對不對？哈哈……老夫雖然平生未出過遠門，但聽過不少過路人這樣說。我國今天能有如此安和樂利的生活，全是佛教的恩澤所賜。」

「嗄？」這番話令兩位法師詫異，很仔細地聽下去。

「我國是個佛教十分興盛的國家，國王就是一位最虔誠的佛教徒。佛陀在世時，就特別關照我國，所以百姓信奉佛教的甚多。」

「原來國王是佛教徒，難怪這個國家給人的感覺就是不一樣，不輸給我們禮儀之邦的漢地呢！」道整法師讚歎著。

「我國國王對出家人都很恭敬的。從佛陀在世直到現在，每一代國王供養僧眾都會脫去王冠，以表示自己內心的謙卑恭敬。如果有僧眾在場，國王只能在地上鋪一塊氈子，席地而坐，不敢坐在高床上。國王如此，百姓對出家人也就沒有一個不恭敬的。」

「嗯，這就是我們漢人所說『上行下效』的道理。身爲一國之王，如能以身作則，知禮行義，他所教化出來的百姓，也必大部分是謙謙君子，各國國王，眞應親身到貴國來參觀參觀啊！」

法顯大師這段有感而發的話，令白髯老人樂不可支，爽朗笑聲一時止不住，笑出幾滴淚來。

「是呀！生在佛國的百姓是前世修來的福，眞是幸福無邊啊！」道整法師欽羨地說。

「好說！好說！兩位法師既是遠地而來，不知今夜找到佛寺掛單❷沒有？」白髯老人熱情問著。

「不瞞施主，我二人一路欣賞貴國雅致的房舍，溫厚的人情，還未去找寺院掛單呢！」

一聽道整法師這般說，白髯老人自告奮勇引路：「走！我帶兩位法師到我國最大的寺院舍利弗寺掛單。」

法顯、道整兩位法師聽後，不覺滿心歡喜。

路上，白髯老人津津樂道著：「在我們摩頭羅國，出家僧人都受到無比的尊敬，也享有極好的待遇。這裡的寺院，以及附屬的田宅、園圃等，都是歷代國王布施的；僧眾的用具、飲食也從來沒有缺乏過，國內居士和百姓的布施源源而來，使他們能夠專心修道、弘法。」

舍利弗寺高大巍峨，寺塔跟別處大大不同，還未進寺門，裡面就出來兩位知客僧，白髯老人打聲招呼後，興沖沖地走了。

兩位知客僧先是幫忙解下行李，又替兩人打洗腳水，一會兒送吃的，一會兒送喝的。受到如此殷勤的招待，兩位法師眞有些受寵若驚呢！當天晚上，兩人睡了一個好覺。

隔天醒來，意猶未盡的道整法師又拉著法顯大師往街上走。

在街上，他們發現只有販賣穀物、蔬果的鋪子，看不到牲畜的飼養、牲口的買賣，也沒有屠戶、酒店。他們覺得很奇怪，難道這裡的人全茹素？

正這樣想著，只聽到前面傳來「篤、篤、篤……」的擊木聲，路上的行人紛紛散開，避到兩旁。

法顯和道整兩位法師靠在馬路邊，想知道來者是何人。

擊木聲愈來愈近，啊！看清楚了，來了一位蓄著短髭的壯漢，身後背著一只籮筐，籮筐內裝滿著已被宰殺了的動物肉。他手上拿著兩根木棍，不停地擊打著，發出「篤！篤！」的聲音。

眞令人猜不透，他爲什麼要擊打木棍？是爲了販賣筐內的肉嗎？可是看起來似乎又不像，爲什麼大家都要避開他呢？

擊打木棍的壯漢一直低著頭走路，這又是爲什麼？眼看快撞到人了，突然有人喊了一聲「旃荼羅，停！」那位壯漢立即停止不動。等有人說了一聲「旃荼羅，走！」那位壯漢才敢再往前踏步。

眞令人費疑猜，「旃荼羅」是這位壯漢的名字嗎？爲何人家叫他停，他就乖乖地站著不動？沒有人叫他走，他就不敢隨便移動腳步？

第一次看見這種景象，兩位遠行僧覺得十分詫異，一心想找個人詳細地問一問。

回去寺裡，只見人影攢動，熱鬧非凡，原來寺院要舉行說法大會，會後眾僧接受供養。欣逢法會，兩人把滿腹的疑惑暫時擱下。

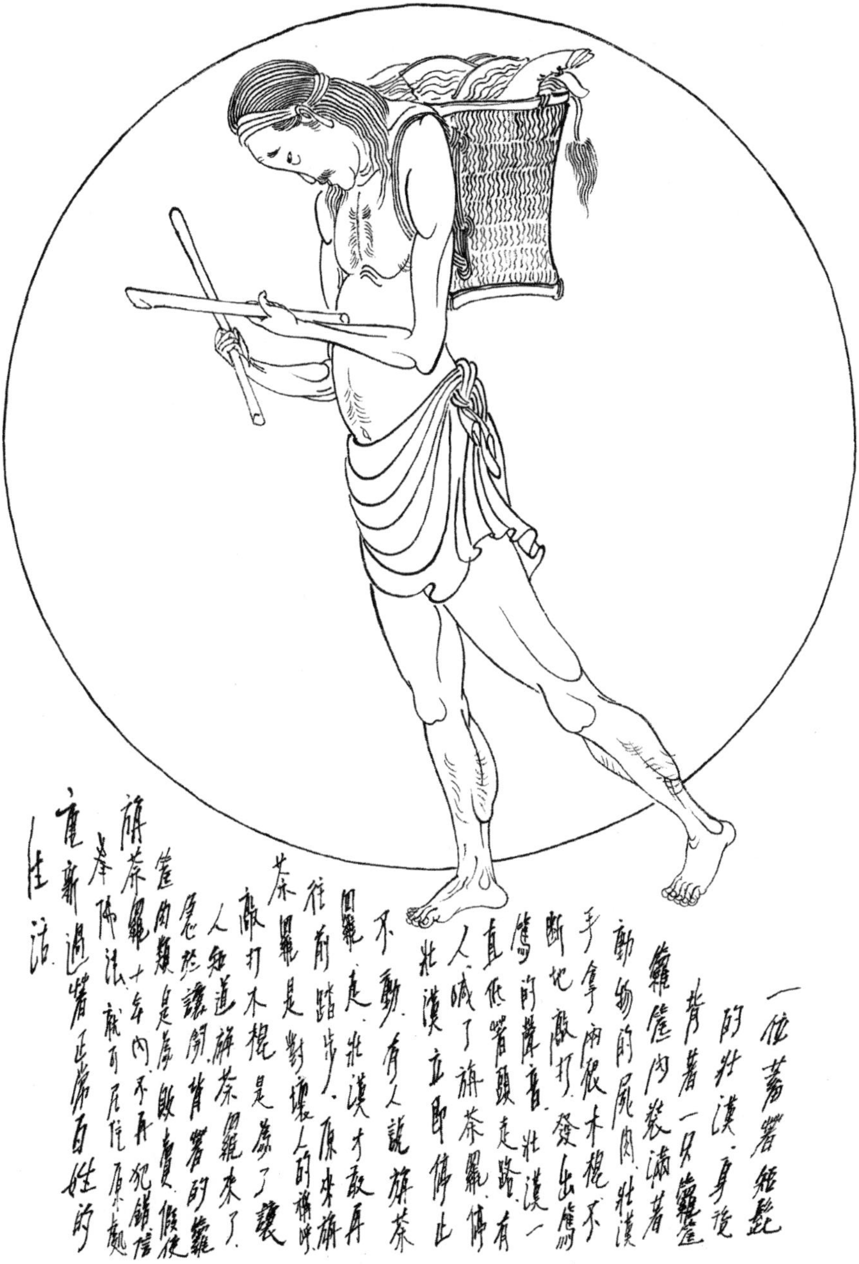

一位蓄著短髭的壯漢，身後背著一只籮筐，籮筐內裝滿著動物的屍肉，壯漢手拿兩根木棍不斷地敲打，發出篤篤的聲音，壯漢一直低著頭走路，有人喊了旗茶羅，停，壯漢立即停止不動，有人說旗茶羅走，壯漢才敢再往前踏步，原來旗茶羅是對壞人的稱呼，敲打木棍是為了讓人知道旗茶羅來了，至於讓他背著的籮筐肉類是為敗壞，假使旗茶羅十年內，不再犯錯，信奉陳法，就可返回原處，重新過著正常百姓的生活。

法會一連舉行十五天，從各地湧來的善男信女，把舍利弗寺擠得水洩不通。法會上高僧演說妙法，語音抑揚頓挫，極爲動聽，信徒席地而坐，個個凝神靜聽，會場是既莊嚴又隆重。

法會完畢後，法顯和道整兩位法師來到院內禮拜。一位專門管理舍利弗寺塔院的僧人向他倆點頭合掌問安。

「兩位客僧今晚務必來此觀塔，景色絕佳。上有一輪皓月，下有一片燭海，燈燈相續，妙不可言。」

「多謝法師提醒，今晚我們一定不錯過。舍利弗寺塔院頗多，不知有哪些塔？」法顯大師問道。

那位僧人接口說：「不錯，這裡的塔很多，是別地所沒有的。有舍利弗❸塔、目犍連❹塔、阿難❺塔、阿毘達磨❻塔、毘奈耶❼塔、修多羅❽塔，這是論、律、經三藏塔。」

「請問，哪個塔是學律所供養的？」

「學論的供養阿毘達磨塔，學經的供養修多羅塔。學律嘛，供養的是毘奈耶塔。」僧人回答。

一聽這話，想起西行天竺的主要目的就是爲尋求佛教的戒律，法顯大師決定去供養毘奈耶塔。這是一次極好的機會，說不定供養後會帶來好運呢！

「走，我們去毘奈耶塔！」

這時，法顯大師突然想起了「旃荼羅之謎」的事，又開口問僧人：「半月前，我們曾在街上遇見旃荼羅，請問旃荼羅是什麼意思呢？」

僧人回道：「『旃荼羅』是此地對做了壞事的人的稱呼。這些人理該受到王法的制裁，可是摩頭羅國篤信佛法，從來不用嚴刑，只規定犯罪的旃荼羅不能住在城市和村子內，必須離群索居，住在人煙罕至的地方。」

「喔，原來旃荼羅是惡人、罪人的意思，我還以爲是人的名字呢！」道整法師若有所悟地說，可是他又有一個疑團浮上心頭，「我還有一件事不明白，旃荼羅走在街上時，一路敲擊著木棍，究竟有何用意呢？」

「國王規定，旃荼羅進了城市就要敲擊木棍，發出篤篤聲，讓大家知道旃荼羅來了。」

「原來如此。」道整法師再提出他心中的疑問：「我發現這裡的市場，賣的都是素菜，可見百姓都吃素。可是旃荼羅的籮筐內卻背著血淋淋的動物肉，不是很奇怪嗎？」

「對！這的確是一件很奇怪的事。這裡的百姓大部分都不殺生、不喝酒、不吃葱蒜，城中也沒人養雞、豬或鴨，更沒有人從事屠宰的行業。然而就算是佛風鼎盛的地方，依然有人不信佛，他們要買肉就得找旃荼羅或捕魚打獵的人。背著一籮筐肉的旃荼羅，就是去賣肉的。」

「啊！原來是這麼一回事。」道整法師又問：「犯錯的旃荼羅有沒有改過自新的機會，難道他們必須當一輩子的肉販，永遠離群索居嗎？」

「不是的。如果旃荼羅十年內不再犯錯，並信奉佛法，就可以搬回原住地，重新過著正常百姓的生活。」

「哇！這種教化法眞不錯，犯罪的人已不適合過群居生活，讓他獨居也好作番反省。驅離的懲罰雖然表面上不予懲處，但實際上比嚴刑峻法還來得有效哩！」道整法師讚歎著，又追問下去：「如被罰作旃荼羅後仍不知悔改、自暴

自棄，甚至再傷害人命，國王會如何處置？」

「佛陀慈悲，國王也慈悲。在摩頭羅國縱然是十惡不赦的大壞蛋，不過截去他的右手而已，絕不斬頭，斷了他的生路。國王仁慈似一位母親，總是耐心等待著浪跡天涯的孩子早日歸來，重新做人。」

道整法師聽後，肅然合掌稱讚道：「國王承佛遺風，百姓安安樂樂。」

「好一個『承佛遺風，百姓安樂』！」靜默一旁的法顯大師突然開口說：「我們已目睹了深受佛光普照下的百姓，過得是如何有規律、有秩序的生活，就像極樂世界般的祥和、安樂。因此，我們要在漢地盡力將佛法傳揚開來，讓漢人也能啜飲佛法的甘泉法水。所以無論如何，就是拚了一條老命，我們也要求得戒律，將它平平安安送回去！」

這番話，說得道整法師呵呵大笑起來：「法顯大師啊，我看你不只是個『少年英雄』，鐵定還是個『老英雄』啊！」

心中疑慮已除，他們辭別了僧人，邁著喜悅的腳步，朝毘奈耶塔方向走去。他們的內心，此時湧起了一波強過一波的新希望，兩人也在心中默禱著：

但願供養毘奈耶塔後眞會帶來好運，取得日思夜想的戒律。

❖註釋❖

❶知客僧：佛寺中司掌迎送賓客、安排照料賓客生活起居的僧人。

❷掛單：原指出家人將衣缽掛於堂內掛勾上的動作，後引申為依住在某寺院的意思。

❸舍利佛：佛陀十大弟子之一，被譽為「智慧第一」。

❹目犍連：佛陀十大弟子之一，被譽為「神通第一」。

❺阿難：佛陀十大弟子之一，被譽為「多聞第一」。

❻阿毘達磨：又稱「論」，一切有關佛陀教法的討論。

❼毘奈耶：又稱「戒」，規定佛教徒當遵循的方向。

❽修多羅：又稱「經」，將佛陀的教法用文字整理記載。

08

朝拜聖跡感觸多

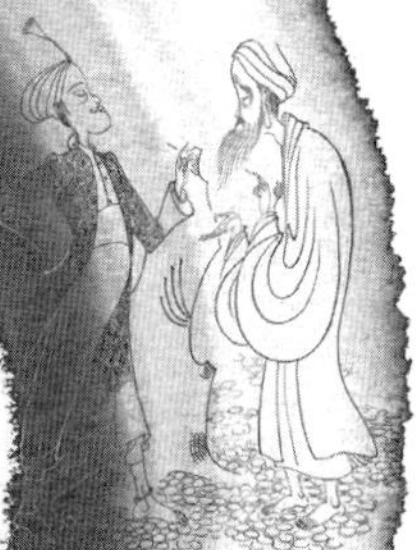

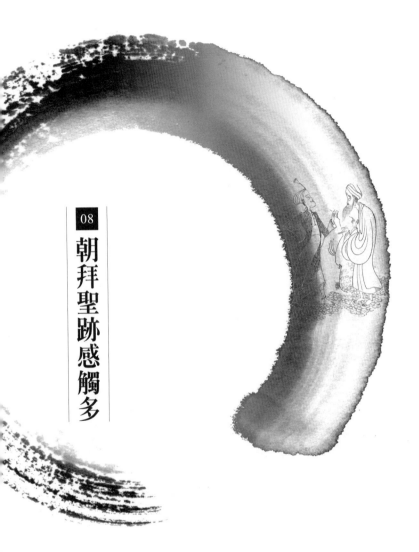

一心誠敬供養了毘奈耶塔後，他倆離開了舍利佛寺，繼續往東南行，一路上去了許多寺院，瞻仰了佛陀的遺跡。

有天，他們來到火境寺。

「怪了！火境是惡鬼的名字，這座寺院爲何以惡鬼的名字命名？」道整法師感到詫異，百思不解。

「我們去問問知客僧就明白了！」

法顯大師帶著道整法師步入寺中，知客僧迎面而來。

「兩位大師有何指教？」

「貴寺以惡鬼的名字命名，其中必有來由，可否告訴我們？」

「當然可以。」知客僧滔滔不絕地說：「釋迦牟尼佛在世時，曾經爲說法勸善而化身爲火境惡鬼，讓執迷不悟的人，懼怕因果循環的報應而知道修行。佛陀滅度後，後人便在佛化身的地方造起這座寺院，一則紀念這件事，二則立寺弘法，普度眾生。」

「我明白了！」道整法師合掌說：「佛陀度眾共十萬八千法門，因人間有

十萬八千種人，有人適合現慈眉菩薩相度化，有人必須現怒目金剛相❶才能度得。」

「沒錯，這叫當機教化呀！」法顯大師附上一句。

隨後三僧人爽朗的笑聲傳了開來。

渡過天竺第一大河恆河，經呵梨村，他們來到了沙祇大國。

聽說舍衛城在沙祇的北面，兩人毫不猶豫，立刻轉道北上。

舍衛城是一座古城，在釋迦牟尼佛時代，波斯匿王就居住在舍衛城裡，他下令製造了世上第一尊佛像，是個虔誠的佛弟子。

不過吸引他倆的並不是舍衛城，而是舍衛城南門外的祇園精舍。據說釋迦牟尼佛在此住了二十五年。

＊　＊　＊

祇園精舍的由來，在當時曾流傳爲佳話。

佛陀在世時，舍衛城有一位長者名叫須達，爲人樂善好施，經常救濟一些孤獨無依的人，當時人們讚美他的德行，尊稱他爲「給孤獨」。

給孤獨長者爲讓佛陀有個安居弘法之處，打算建造一座精舍供佛陀居住。他看中了太子祇多的一塊園林，便把自己的想法如實地告訴了祇多太子。

「行啊！只要你能用黃金把這塊地鋪滿，我就把地賣給你。」祇多太子如此回答。

給孤獨長者聽了，立即回家籌錢，毫不吝惜地把家中所有黃金都拿了出來，依照太子的意思鋪滿地上。沒想到錢不夠，還差一小塊沒鋪滿，給孤獨長者慌了。

這時，祇多太子伸過來溫暖的手，握住他說：「我是跟你開玩笑的！佛陀功德無人能比，我也應該修些福德，對不對？」

於是園林蓋起了精舍。落成那天，佛陀告訴弟子們說：「園林是祇多太子布施的，精舍是給孤獨長者出錢造的，我將它命名爲『祇樹給孤獨園』。」

因此，祇園精舍又叫作祇樹給孤獨園。

佛陀在世時，有位長老名曰須達，樂善好施，常救濟孤苦無依之人，人們便尊稱他為給孤獨。給孤獨欲為佛陀建造精舍，欲購祇多太子的一片林園，便將自己的想法告訴祇多太子，太子開玩笑說：如能以金錢鋪地，此園就讓。須達長者果真照辦。太子為其真誠感動，把園林賣予長者，同時還將地面所長的樹木獻給釋尊。祇樹給孤獨園的名字由來如此。在此建立的寺就是祇樹給孤獨精舍。

＊　＊　＊

懷著一顆朝聖的心，兩人來到祇園精舍。精舍大門東向開，大門兩側各有一根石柱，左石柱頂端雕刻著石法輪，右石柱頂則端雕刻著一頭石牛。

走進精舍內，清風迎面拂來，兩眼所見，不是蓊鬱蒼翠的林木，就是五彩繽紛的花朵。百花盛開，紅的像火，粉的像霞，白的像雪，各色花兒爭妍比美，像一幅美麗的圖畫。彩蝶翩翩飛舞，蜜蜂花間穿梭，小鳥啼叫枝頭，眞是一個清幽雅秀的地方。

在花木扶疏之下，更有碧池一個，池水清洌，滌人心塵。

令人詫異的是，如此一處雅秀的地方，竟然不見半個人影，顯得冷冷清清。

法顯和道整兩位法師兀自站在殿堂外，像兩尊紋風不動的雕像。

他們楞在那裡，心中不解的是：當年佛陀住世時，日日夜夜都有人來供養，求佛幫忙，前來聽聞佛法的人更是絡繹不絕；而現在，怎會是舉目不見一僧？

一股落寞情懷自兩人心底生起，此刻讓他們深刻體會到「無常」的悲哀。

倘使不能將人間至寶的甘露——佛法，普遍灑向悲苦的人間，而讓它蒸散消失，那是多可惜的事啊！法顯大師內心如此想著。

道整法師望著雄偉的佛殿出神，他腦中是這樣想的：人生無常，修道不能蹉跎。天竺眞是個修道的好地方，到處都有佛陀的聖跡，就像一塊大磁鐵般深深吸引著我。如果晚年能在這兒修道，該有多好！

道整法師正想把這種感觸說出，轉頭望了法顯大師一眼，他驚住了。

「法顯大師，您怎麼了？」

「我……。」法顯大師的臉色很難看，彷若身體不舒服。

「法顯大師，您的臉色……。您不要緊吧？」道整法師關心地問。

「我不要緊，我只是看到祇園精舍冷冷清清的景象，又想起小雪山慧景法師的往生，內心一陣難過罷了。」法顯大師無限感慨地說：「我們這支求經隊，現在只剩你我二人，戒律至今一部也沒有求到，而你我已垂垂老矣，怎不叫人心急……。」

「原來法師是爲此事擔憂。」道整法師順水推舟地說：「是啊！你我都已是六十開外的人了，這西行求律的迢迢長路走得千辛萬苦，這身一直叫瘦叫痛的骨頭，還不知是否能捱得回去？依我看，我們不如在天竺住下來算了，聖地修行容易得道呀！」

「不！這萬萬不可！」法顯大師疾言厲色道：「我是不會忘掉來此的目的，也不會忘掉初發心的！我曾在佛前立下誓願，我也忘不了慧景法師的遺言，無論如何，我一定要求得戒律回去，將佛法遍灑漢地！」

法顯大師這番鏗鏘有力的話，在祇園精舍飄揚開來，句句說明了大師不容懷疑的堅毅決心。

離開祇園精舍向東行，愈走人煙愈稀少，而猛獸愈多。夜裡找不到掛單之處，只好露宿野外。野獸的嗥叫聲在寂靜的夜晚聽來，格外顯得淒厲，令人毛骨悚然！黑漆漆的野地裡不時有鬼火似的獸眼逡巡著，若不是他們燃起了一堆篝火，怕早遭不測了。

兩人不敢同時睡覺，法顯大師睡前半夜，道整法師睡後半夜，而那些野獸等了一整夜。

迦毘羅衛城是釋迦牟尼的出生地，位於祇園精舍的東方。

進了城，他們感到十分驚訝，偌大一座城，卻少見人煙，宛若一座空城。看見前方有座寺院，兩人便向寺院走去，寺院裡有位老僧。

「請問長老，爲什麼這麼大的一座城，卻人煙稀少呢？」法顯大師施禮後問。

「唉！自拘薩羅國（今中印度）的琉璃王來此屠城後，居民死的死、逃的逃，人少了，野獸卻愈來愈多了。」

琉璃王是波斯匿王的兒子。有一次琉璃王去迦毘羅衛城，無端地被釋迦族的人嘲笑了一番而懷恨在心，即位後立刻派兵屠滅釋迦族。

在老僧的嚮導下，他們去了淨飯王的故宮，看到了摩耶夫人石像；又去了佛陀得道後，回國探望父親的地方，也去了佛陀爲諸天神說法的場所。

此後，他們到處瞻仰佛陀的遺跡，把腳印深深印在佛陀曾經踏過的土地上。法顯大師心裡十分明白，透過這次的朝聖之旅，目睹了佛法在天竺的逐漸式微，更加強了他要將佛法東傳的決心。

❖註釋❖

❶ 金剛：佛教的守護神，又稱難勝金剛。

09

馴服猛獅聽佛法

離開了聖地，這天，兩位遠行僧來到離王舍城（中印度摩揭陀國都城）三十餘里處的一座寺院掛單，安頓好後，道整法師已累得先行上床睡覺。

法顯大師拿出紙筆，在一燈如豆的搖曳燭光下，寫下一路見聞。寫了一段落，他將紙筆收拾妥當，向屋外走去。

今夜，月兒彎彎如鉤，勾起了他內心萬千情懷。鄉愁，像一條蟲悄悄爬上心頭，啃嚙著他一顆疲憊淒楚的心。戒律依然未得，感覺自己像茫茫大海中一葉扁舟的法顯大師，不禁輕輕感喟數聲。

他的感嘆聲被寺裡的一位和尚聽到，驚訝地直朝他全身上下打量，問道：「請問法師，您是從哪個國家來的？」

「貧僧從漢地來。」

「準備往哪兒去？」

「明天一大早，想去參拜耆闍崛山（即靈鷲山）。」

「我勸法師打消此意，那兒去不得呀！」和尚警告說。

「爲何去不得？」

「那兒沿路地勢高低不平、崎嶇難行不說，還經常有兇猛的獅子出沒，曾經鬧過人命，法師可要三思而後行。」

法顯大師臉上絲毫未見畏懼的神色，反而以堅定的口氣說：「我不遠萬里而來，歷經千難萬阻，早已不知恐懼是何物。來到天竺，我心中有個願望，就是要親至佛陀當年說法的地方——靈鷲山，瞻仰禮拜，以了卻心中大願。縱然此去難關重重，我也決不退縮！」

這些話說得果決凜然，引來不少和尚圍觀。當他們知道這位遠行僧欲往猛獅盤踞的地方時，紛紛加入勸阻的行列，要法顯大師勿向「獅地」行。

「各位的好意貧僧心領了。」法顯大師合掌道：「不過，靈鷲山我是一定要去的。」

眾僧眼見勸阻無效，一一離去。就這樣，遠行僧欲往獅地行的消息，一下間在寺院裡傳揚開來。

第二天清早，寺裡的住持聽聞這個消息，趕來見法顯大師。

「聽說你要去參拜靈鷲山是嗎？」

「是的。」

「那裡現在是個危險的地方，常有猛獅出來咬人，你不知道嗎？」

因旅途勞累爬不起來的道整法師，聽了這句話，兩眼睜得像銅鈴那般大。

「多謝住持和尚關心，無論如何，我是要去一趟的。」

聽了法顯大師的話，住持和尚露出欽佩的神情，沉吟一下後說：「法師如果執意要去，路途可要多加小心。沿途崎嶇難行，我派兩位和尚給法師帶路。」

「謝謝住持和尚。」法顯大師合掌恭敬說。

住持和尚走了，去挑選帶路的和尚。躺在床上的道整法師忍著一身痠痛爬了起來。

「法顯師兄，您眞的要上靈鷲山餵獅子？」

「嗯，爲參拜靈鷲山，獅子我是不怕的。」

「我知道師兄是個意志堅定的人，決定的事一定會確實做到，是絲毫不容敷衍、變動的。」道整法師捶了捶腳，又敲了敲背說：「唉！只可惜我這身老骨頭又疲又痛的，現在我是舉步維艱，無法陪您去了，師兄不會怪我吧？」

「道整法師，請不要如此說。你一路從漢地陪我到這裡，可說吃盡千辛萬苦，我感激都來不及了，怎會怪您？」法顯大師扶道整法師躺回床上，又說：「您不用替我操心，身子休息夠了，我們好趕路。住持和尚說要派兩位和尚爲我帶路，你可安心休養。」

道整法師還想說些什麼，門口傳來敲門聲，原來兩位帶路的年輕和尚來了。

「快去快回，我不送您了。」

「暫別了，道整法師。」

說完這句話，法顯大師隨著兩位年輕和尚踏上了危險的朝聖之旅。

這一段路果真不好走，山路彎彎曲曲，地勢又高又陡，三人爬得很辛苦。兩位和尚雖然年輕力壯，但耐力顯然比法顯大師差，直喊吃不消呢！

日薄時分，他們終於爬上靈鷲山，其中一位年輕和尚問道：「天色已晚，今晚我們睡在哪裡？」

法顯大師說：「山間大樹下，正是好眠處。」

另一和尚驚聲叫道：「夜裡獅子來了怎麼辦？」

兩位和尚害怕獅子，向法顯大師說了一聲：「法師，您慢慢參拜吧！我們先下山了。」便匆匆忙忙向山下行去。

面對聖跡，法顯大師五體投地拜了下去。當他頭頂觸地，想及西行求戒至今仍一無所獲，一時悲從中來，跪起身子時，再也關不住的淚水沿著雙頰簌簌而下……。

他合掌向佛陀祝禱：「慈悲的佛陀啊！請您看看這位遠從萬里外的漢地，一路跋山涉水，越過沙漠、雪嶺，才來到您面前的老和尚吧！他的腳底，不知磨破了幾十層皮；他的老骨頭，不知喊痛、喊痠了幾百幾千遍，可是他從來沒打過退堂鼓。今天，他來到您的面前，只有一件事求您圓夢，漢地需要您佛法甘露的普施，祈求您庇佑，助弟子早日取得戒律經典回國，弘揚您救世的思想……。」

祝禱過後，法顯大師拜了又拜。日影西斜，他在拜；夜空蹦出星星，他還在拜。

月船搖上中天，他仍在拜。

已是半夜三更時分，法顯大師一點也沒有睡意，拜完後又開始誦經。聲音自他雙唇間逸出，在濃濃的夜色中緩緩盪漾開來，他誦得內心一片天寬地闊。

他什麼也不想，只是一心一意地誦經，最後甚至覺得自己沒有在念經，只有聲音存在而已。

就在法顯大師一心誦經的時刻，三頭兇猛的獅子，搖著尾巴慢慢逼近過來。在微弱的月光下，仍然可以從牠們微張的大嘴中，看出那兩排銳利駭人的虎牙……。

法顯大師看見這三頭猛獅了，但似乎又沒看見，誦經聲並沒有因此停頓下來……。

一頭雄獅猛然大吼一聲，作勢要撲過來。

其他兩頭也齜牙咧嘴的，一步步逼近。

法顯大師心中未起任何意念，根本不爲所動，從他慈悲的內心裡持續誦出句句的經文……。

許是慈心所感吧！三頭猛獅一靠近法顯大師後，翹起的尾巴下垂，豎立的鬃毛也柔順了，牠們低聲吼著，挨挨蹭蹭來到法顯大師的身旁。

威猛的百獸之王，這時低頭縮尾如溫馴的大貓，靜靜地聆聽法顯大師的誦經聲。

法顯大師誦完一個段落後，伸出手去，一一撫順牠們的頭毛，三頭獅子半睜半閉著眼睛，享受著大師的慈愛。

法顯大師收回了手，對獅子說：「獅子，獅子，你們如果肚子餓，等我把這部經誦完，再吃了我吧！」

低沉嘹亮的誦經聲再度揚起，在漆黑的山間迴盪著。三頭獅子伏在法顯大師身前，靜靜地傾聽。

時間一分一秒地過去，經文已快誦至尾聲。

一夜，三頭猛獅，靠近誦經的法顯大師，大師雖見獅子逼近於無畏懼，專心誦經，或許是慈悲心所感，三頭猛獅一靠近大師，便柔順依偎，如溫馴的大貓，靜靜聆聽法師的誦經聲，誦完經後，大師伸出手去，一一撫順它們的鬃毛，三隻獅子半睜半閉着眼睛，享受着法師之慈愛。

誦經聲戛然而止，法顯大師已誦完經，他閉起雙眼，合掌說道：「獅子，獅子，我已誦完經，你們可以吃我了。」

獅子爬起，繞著法顯大師走了幾圈，低吼數聲，依依不捨而走了，消失在濃濃夜色中……。

法顯大師端坐如山，動也不動。

誦經聲再度揚起……。

10 悲喜交加得戒律

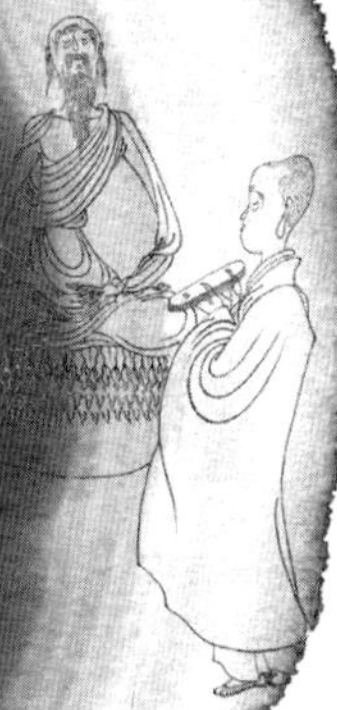

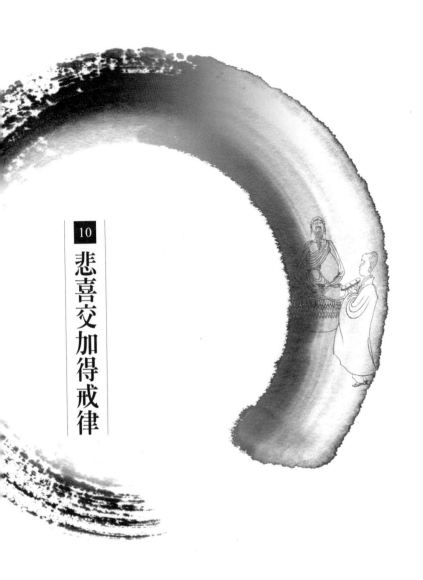

下一站，他們來到巴連弗邑城，掛單於摩訶衍寺院，這一年是東晉義熙元年（西元四〇五年），法顯大師已經七十歲了。

這個寺院是摩揭陀國境內名聲遠播的一座大乘寺院，院內建築幢幢高大巍峨，佛殿裡的佛像金光閃閃。出家眾共有一千餘人，晨鐘暮鼓，誦經禮佛，精進修行。僧人雖多，但進退有序，環境整潔，是個修道的好場所。道整法師十分喜愛這個地方。

「法顯師兄，您看我們能不能在這裡得到我們所要的戒律？」道整法師問道。

「難說，那就要看因緣如何了。」法顯法師回答後，想起一件事，他接著說：「想求得戒律，並不如我們想像中那麼簡單，因爲這裡的佛教徒，也是把戒律一股腦兒記在腦子裡，口口相授，代代相傳，根本就沒有經典流傳。」

「這麼一來，我們如何求得戒律典籍回去呢？」

「我也是爲這件事日日憂心，我看我們只好先在摩訶衍寺院住下來，努力

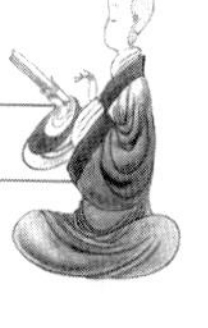

修習梵文❶，萬一求不得經典，也能從他們的口授中筆錄而得。道整法師，你認爲這個方法可行嗎？」

「可行，可行。」道整法師高興地回答，因爲這樣一來，就可以在這裡住上一年半載，養養身子，讓又瘦又痛的筋骨休養一番。

爲了學習梵文，他們在此住了下來。六、七十歲的老人，已是視茫茫、髮蒼蒼、齒牙動搖，想學會一種新語文，並不是一件簡單的事。

法顯大師十分用功，拜寺內一位高僧爲師，日夜勤習梵文，進展神速。摩訶衍寺院之所以能名聞遐邇，主要原因是寺中有一位大德高僧，名叫文殊師利。

文殊師利長老悲智雙運，遍覽天下各教各派群書，精通教義，深察人情。當他獲悉有兩位僧人遠從漢地而來，十分讚歎，特別親身造訪。

這是法顯大師一生中最難忘的一天。

那天，知客僧氣喘吁吁跑到他倆面前，嚷著：「文殊師利大德來看……看你們了……。」

話剛說完，大德已來到，法顯和道整法師迎了上去。雙方寒暄後，文殊師利長老和藹地垂詢道：「漢地離此有多遠？兩位法師一路辛苦了。」

文殊師利長老的內心裡，對於這兩位遠行僧有著很深的敬意。

「究竟有多遠，一時也無法說清，只知道我們花了六年的時間，才走到這裡。」法顯大師答道。

「六年？眞了不起！眞了不起！」文殊師利長老再度讚歎，「你們眞是有心人啊！如果沒有一份堅如磐石的決心，怎能捱得住六年的餐風露宿呢？了得！了得！」

「兩位法師何以不辭千辛萬苦，跋山涉水來到我們天竺？」

法顯大師認爲機不可失，一五一十地將漢地寺院缺少戒律的情況詳細道出，並說明自己是爲求取戒律才拚著老命西行，途中幾位同道折回，有位同道凍斃小雪山。路途中曾拜訪過不少高僧大德，也去過不少寺院，但六年來一無所獲。有的寺院沒有律經，有的就是有律經也是口耳相授並不相贈。所以自從進入天竺到現在，一部經律也沒有求到……。

說到最後，法顯大師已哽咽不已。

文殊師利長老被他們西行的壯舉所深深感動，心裡如此想著：如果可能，我應該盡力幫助這兩位遠來的和尚，達成他們僕僕風塵來到這裡的願望啊！於是他說：「太感人了！如果我不能助兩位法師如願，不僅天竺人有負兩位，佛陀也會爲此事而引以爲憾吧！兩位法師請隨我來。」

文殊師利長老帶兩位法師來到他的住處，從書房內捧出一大疊佛書來，對法顯大師說：「這是我珍藏的戒律典籍，送給你們，以表達我對兩位的敬意。」

法顯大師大喜，接過書一看，是四十卷的《摩訶僧祇眾律》❷以及六卷的《大般泥洹經》❸。

「咚！」一聲，法顯大師跪了下去，向文殊師利長老行跪拜禮，道整法師也隨著拜下。

兩位大師頂禮經典三拜，再禮謝長老三拜。

法顯大師雙手捧起取到的第一部經典，內心激動不已。終於觸摸到佛陀傳下的戒經了，真真實實的戒本就在眼前，六年來西行跋涉的種種苦，剎那間化爲烏有，喜悅、感恩之情自心中湧現。

「老衲法顯謹代表漢地百姓，向長老致上十二萬分的謝意。由於您的慷慨相贈，佛法將加速在漢地發揚開來，長老恩賜，我們將沒齒難忘。」說完，法顯大師又恭敬地一拜。

「好說，好說。」文殊師利長老爽然一笑，說：「別謝我，要謝就謝佛恩吧！」

「多謝長老提醒。」法顯與道整兩位法師，將經典請至佛像前，在佛前恭敬地頂禮一百零八拜。

依文殊師利長老的建議，他們趕往鹿野苑拜見智果長老，希望能求得更多的戒律，方不虛此行。

智果長老是位白眉皓鬚高僧，見了他們兩位，親切地問候道：「兩位法師遠行天竺，精神可感。文殊師利長老已捎來一封信，告知兩位此行的目的。」

法顯大師恭敬地說：「稟告長老，我倆從漢地跋山涉水而來，是因爲漢地經不齊、律不備，因此發願西行取經。如果長老能恩賜經律，漢人有福蒙受佛恩，我倆將感恩不盡。」

「哈……，」智果長老仰天大笑，爽朗地說：「漢地有這樣的有心人，佛法的興隆指日可待。我的書櫃裡有幾部經律，你們各挑選一部帶回去，當作是我送給你們的禮物。」

法顯和道整非常歡喜，隨著智果長老來到書房，面對一排一排擠滿書櫃的佛書，竟有不知該選哪部之歎！

法顯大師仔細挑選，最後看上了漢地所沒有的《薩婆多眾律》❹，共七千偈。

道整法師則挑中一部經書——《綖經》，有二千五百偈。

法顯大師手中捧著得來不易的戒律，恭敬地向智果長老禮謝。法顯與道整法師的臉上露出了燦爛笑容。

智果長老問道：「兩位法師今後有何打算？」

智果長老欽羨法顯
大師夙追慧法師之
苦行，仰天爽朗大
笑曰，漢地有心人，佛
法興隆指日可待。
願顯為禮以待。
法顯大師恭
請《薩婆多律
抄》共七千偈，
道整法師
恭請《綖經》
之部共二千
五百偈。法顯
大師手捧得
之不易之弍經
恭敬的向智
果長老禮謝。
法顯大師偕道
整法師的臉上露
出了燦爛的笑容。

「感謝佛陀庇佑，我們已得經律四部，遠來一趟不容易，我們想再回去巴連弗邑城，抄寫一部戒律。」

法顯和道整法師又回到巴連弗邑城，繼續勤奮地學習梵文、梵語，以及日夜馬不停蹄地抄寫經律。

法顯大師從文殊師利長老處借得《摩訶僧祇阿毘曇》❺和《雜阿毘曇心》❻各一部，抄成了厚厚的兩大帙。這一住，三年過去了。

這期間，道整法師的腿部犯痛，走路總是攢緊著眉頭。

有一天，他重重嘆了一口氣後說：「法顯師兄，我是不打算回去了。」

聽了這話的法顯大師驚訝問：「為什麼？」

「我這兩條腿怕要廢了，在路上只會拖累您。」道整法師無奈地說：「除了腿痛，住在這兒的幾年間，深深感到身處佛國的清淨，無論法制、威儀、社會秩序，都比我們漢地好，漢地眞是沒有佛法的邊疆地帶。我已在佛前立誓，將長留天竺修行，直到往生佛國。」

法顯大師見道整法師心意已決，默默不再言語。他心裡十分清楚，攜帶戒律返回漢地的重責大任，就全靠他一個七十多歲的老人來獨自完成了……。

❖註釋❖

❶梵文：流行於古代印度貴族間的雅語。

❷《摩訶僧祇眾律》：詳載比丘、比丘尼應受之戒律，以及解釋為何受、如何受，何種情況下當受等理由。

❸《大般泥洹經》：內容闡釋諸佛恆常不變，永不生滅的法性。

❹《薩婆多眾律》：佛教的律藏有五部，「薩婆多部」又稱為「一切有部」，以《十誦律》廣傳於中國。

❺《摩訶僧祇阿毘曇》：針對《摩訶僧祇律》的內容所做的論述。「阿毘曇」即「議論」的意思。

❻《雜阿毘曇心》：此書為《雜阿毘心論》之注釋。

11

歸鄉之途路迢迢

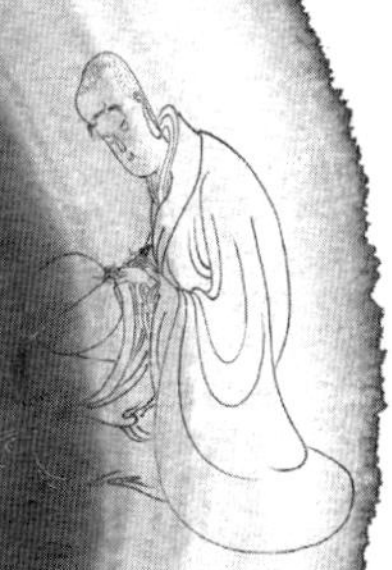

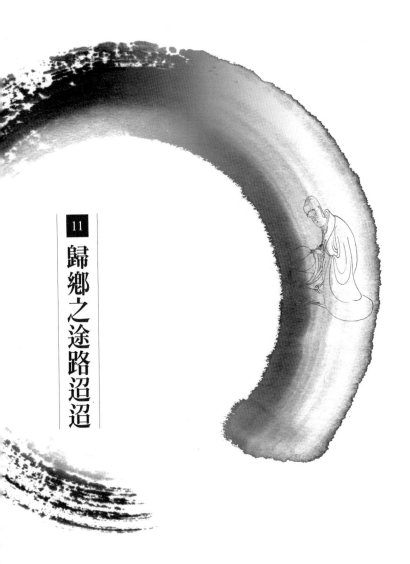

道整法師決心留在天竺，法顯大師只得孤獨地踏上歸鄉路。

再沒有人可以商討行程，也沒有人可以互相扶持，有的，只是影子相伴而已。法顯大師一個人默默地走著。

他自忖道：再循原來的陸路回去嗎？那得再走六年的時間哪！而且這身老骨頭是否能再挺得住沙漠風暴和冰天雪地的大考驗，還是一個未知數。

自身的安危，法顯大師早已置之度外，可是這些千辛萬苦求來的經律典籍，無論如何是不能有任何閃失的，一定要安全護送回漢地去！

然而歸途迢迢，山高水長，走哪一條路回去才好？法顯大師望著頭頂亮燦燦的陽光，一時竟有不知何去何從之感。

他到處打聽回漢地的其他路線，希望有人能指點迷津。

失望總是接踵而至，沒有人知道怎麼走，甚至多數人連漢地都沒聽過。

法顯大師並不灰心，踫到人就問，心中期盼著能遇到貴人。

皇天不負苦心人，總算讓他碰對人了。這天他問到一位經常往來各城市做生意的商人，那位商人告訴他，順著恆河往南走，就能走到靠海的多摩梨帝國（今印度加爾各答）。在那裡運氣好的話，說不定可以搭上商船，由海路返回漢地。

「海路行程雖然比陸地快，但危險性也相對增高。在陸地，命是你自己的，上了船後，命是大海的，完全看大海的臉色。」商人警告著說。

「只要可以早日回到故鄉，再怎麼危險都值得一試。」法顯大師答著。

這位孤行老僧不再猶豫，當下決定經由海路回鄉。

背起裝滿律藏的籐書篋，邁著穩定的步伐，法顯大師沿著恆河往南走。

這眞是一段既漫長又孤獨的旅程，剛開始時不習慣於沒有人可交談，心中有股說不出的落寞感，幾天後他對著恆河講話，河上跳躍的陽光是它的微笑，嘩嘩水流是它的言語，將恆河當做靈性上的朋友，走來也就不那麼寂寞了。

足足走了一個多月，終於來到了多摩梨帝國。

多年來一直在內陸中翻山越嶺，第一次看到大海，法顯大師內心十分激動，他如此禱告著：「大海啊！帶我回故鄉吧，我已在天竺求得多部經典了，故鄉的鄉親需要佛水的滋潤，帶我回老鄉吧！」

回答他的，是澎湃不已、激起無數浪花的海濤聲，海似乎在顯示它的堅強力量，以及它的深不可測。

抱著無限希望，法顯大師在海邊，不斷地探聽是否有商船要去東方。港灣裡停著大大小小的船隻，難道沒有一艘是要開往東方的嗎？

眼前停泊著一艘大商船，從船上下來了一個滿臉胳腮鬍子的壯漢，法顯大師迎了上去，施禮問道：「施主，請問這艘船是否開往東方？」

大鬍子和善地回答：「這位法師，您要去東方的哪裡？」

「漢地，您聽過嗎？」

「哦！那是一個很遙遠、很遙遠的地方，這裡沒有船直接去那裡。不過法師可以先搭我的船去師子國（今斯里蘭卡），再找船搭去耶婆提國（今爪哇），那裡可能有船去漢地。」

原來這個大鬍子是這艘船的船長，法顯大師暗暗感謝佛陀的庇佑，讓他問對人了。

「師子國在哪裡……？」

「師子國在南海中，從這裡去有四千五百里。法師若要去，願載一程。船上有法師在，大海也恭敬三分，較少災難，哈哈……。」大鬍子船長說到最後爽朗大笑，他一向認為，船上載出家僧，可免風浪之災。

「謝謝施主，我這就上船。」

第一次搭船，法顯大師顯得十分興奮。帶著天下至寶的經律回歸漢地，佛法就是要藉著經律的流通，在漢地弘揚開來……，法顯大師忘掉了旅途的勞累，內心喜滋滋的。

船在海浪的湧動間起起伏伏，法顯大師站在甲板上，面對著一望無際的藍大海，內心世界也跟著寬廣開闊起來；他讚歎著海的偉大，也感悟到人應祛除狹隘的自我，才能擁有像海這般寬闊的胸襟。

船行十四個晝夜，一路平安抵達師子國，這一年已是義熙六年（西元四一〇年）。靠岸後，法顯大師謝過大鬍子船長，背起書篋，下船上岸。

七十五歲的法顯大師一路隨著商人的隊伍往南走。不到一天的時間，就來到師子國王城阿菟羅陀補羅，掛單於無畏山寺。

急著歸鄉的孤行老僧，思鄉的情緒愈來愈高漲。夜裡，窗外傳來的吱吱啾啾蟲鳴聲，彷若丟石入湖，在內心深處泛開來一圈圈濃濃的鄉愁。這夜，他枯坐終宵，一夜無眠。

旭日自東邊冉冉上升，又是一天的開始。

法顯大師走進大殿，伏身拜下，額頭觸地兩掌上翻後，許久許久，他動也不動，一直趴跪在佛前。

不知過了多久，緩緩地，他站起了身子，不經意地瞟到供桌上的一樣東西。就這麼一瞥，觸動了內心的什麼，震得心絃亂彈，奏出一陣淒楚的低音，法顯大師一時睹物思舊，翻滾的鄉愁自內心直往頭上衝。

那是一把團扇，白絹做成的，只有漢地才有的東西。

陌生的國度，見到那把親切、熟悉的白團扇，怎不令人動容？

出國十多年來，法顯大師所接觸到的人們，都是外國人；所見到的貨物，全是外國貨；今天目睹漢地所出產的白絹團扇，猛然憶及同行道友星散，或離或死，現在只剩自己孤獨老人一個，孤零零地在陌生的異國飄泊，不知何日何

出國十餘年矣，法顯大師所接觸之人，皆是外域人仕，所見之貨物，皆非漢產，今日目睹漢地出產之白絹團扇，猛然憶及同行道友，或散，或亦離，或亦亡，現僅存自己孤獨老人一個，孤零零地在陌生異域飄泊，不知何日何時才能停抵國門，乍然間內心一片淒楚，陷入一片複雜情緒之中。

時才能安抵國門，乍然間內心一片淒楚，陷入一片複雜情緒中……。

問了寺中老僧，始知這把白絹團扇是一位商人供養的。從老僧口中得知離此不遠的摩訶毘訶羅寺院以富藏經律而聞名，法顯大師心想：趁著等待船期的時候，到那座寺院走一趟，或許能在那兒多求得一、兩部經律也說不定！

事有不巧，來到寺裡，知客僧告知住持今早剛出門去了天竺，何時歸來，並不知曉。

日子一天天過去，住持仍沒有回來，轉眼之間已過了三個月。

法顯大師耐心地等待，終於有了好結果。住持回來了，是個白眉長者，聽說有位東土漢地僧人一直等他歸來，立即安排會面。

兩位老僧一見如故，法顯大師將自己西行求法的往事約略說了一遍。

「太偉大了！太難得了！」白眉住持大加讚歎，「法顯大師，您這種大無畏、大忍耐的超強意志力，若老衲預測無誤，您將留名青史，照耀史冊！」

「過獎了，法顯只是做自己應當做的事而已。」

「法師既不遠千里迢迢而來，我豈能不盡棉薄之力？有什麼要老衲效勞之處，但說無妨。」

「感謝住持和尚的厚愛，」法顯大師伏身下拜，乞求著：「來到貴寺，曾聽到僧人誦經，不知可否將經典借我，手抄幾部帶回漢地弘揚。」

「這……，」白眉長者面露一股歉意，沉吟一陣後說：「本寺並無經本，代代口耳相傳。這樣吧！你在本寺住下來，由我安排，我們誦經，由你抄下，如何？」

「謝謝住持和尚的大恩大德。」法顯大師又恭敬地伏身一拜。

就這樣，法顯大師在寺裡安住下來，費了兩年的時間，耳聽手寫了四部漢地所沒有的經律，那就是《彌沙塞律》❶、《雜阿含經》❷、《長阿含經》❸、《雜藏》❹。

喜悅像煙火般，在法顯大師心內炸開。西行求經，千山萬水的跋涉，收穫豐富，怎不令他歡顏呢？如今有了成果，怎不令他雀躍？剩下的問題是：如何護送這些經律安全返回漢地了。

從這一天起，他四處探聽消息，看看是否有商船要開往耶婆提國，到那裡再尋找開往漢地的商船，返回故里。

　　法顯大師的心已向故鄉回航。他聽到故鄉傳來的親切呼喚聲，呼喚著他這位離鄉十餘年的遠遊僧，早日歸來……。

❖ 註釋 ❖

❶《彌沙塞律》：又稱《五分律》，詳細規範僧團中的各種儀式、會議、乃至衣、食、住、行。

❷《雜阿含經》：記載佛陀傳給諸天菩薩、比丘、比丘尼等四聖諦、八聖道、十二因緣等法。

❸《長阿含經》：佛陀入滅後，弟子將所傳之法集結成書，取名《阿含經》。《長阿含經》係《阿含經》中較長篇章的總集。

❹《雜藏》：記載佛、阿羅漢等本生故事。

12

歷盡滄桑師歸來

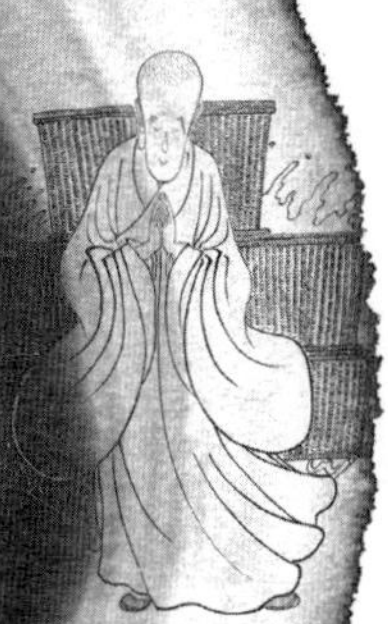

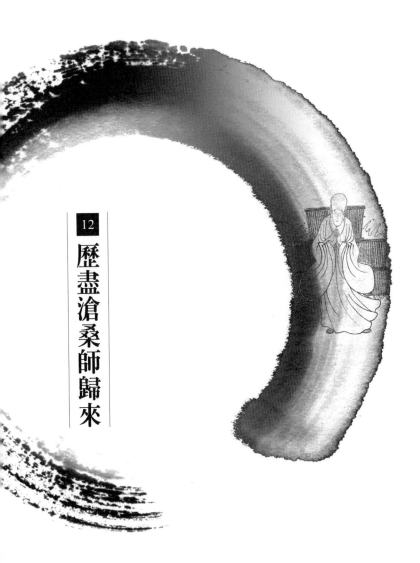

多方打聽，終於找到一艘開航耶婆提國的大商船，船上共有乘客兩百多人。

法顯大師站在甲板上，屢屢向東方眺望。

桅桿上的布帆被風吹得鼓脹，大商船全速前進。船的尾舵後拖著一艘小船，是用來防備萬一的。

「大船，大船，快快走，載我回故鄉吧！」法顯大師盼望著早日回鄉，還有更重要的事要做呢！他必須利用餘生的每一分每一秒，加緊譯經的工作，將梵文的經律譯成漢文，才能流傳開來。

船航行了三天，都是風平浪靜，想不到在第四天卻遭遇了大風暴。

海發怒了，將船當玩具般撲打，船身搖晃得好厲害，丈高的浪花從空中罩下來，把船上的乘客打得踉踉蹌蹌。

「降帆！降帆！」船長大聲叫喊。水手們攀上桅桿，將帆降下來。

商船在猛烈搖擺中不知撞到什麼，傳來一聲巨大的聲響。待在船底的水手聲嘶力竭地狂叫著：「大事不妙了！船底破個大洞，漏水啦！」原來船撞上了水下暗礁。

情況更加混亂了，危急中船長指揮水手放下預備的小船，讓部分的乘客上小船。倉皇中人人紛紛跳上小船，有人怕小船負荷不了愈來愈多的人，把小船的繫纜斬斷。小船在顛簸的海浪中開走了，沒搭上的人著急地破口大罵。

船長是個有膽識的人，向手下發號施令道：「艙底去幾個人，想辦法把漏洞堵上！」然後又對旅客宣布：「情況危急，爲免大船翻覆，大家幫忙把船上的貨物拋入海中。個人不必要的東西也要拋棄，快！快！再慢就來不及了！」

於是，客商們合力把那些粗重的貨物往海裡拋。

聽到船長的指示，法顯大師也忙向貨艙走去，那一箱一箱千辛萬苦求來、抄來的經典，對他而言可是無價之寶，但對商人而言，卻可能是沉重的負擔，這些經典說什麼也不能被拋入海中。

他站在籐條箱前護著，唯恐書箱被拋入大海，一心稱念著觀世音菩薩的聖號，祈禱佛菩薩保佑這批經書及一船的性命。

「漏洞堵上了！漏洞堵上了！」船底傳來了好消息，拋重物的命令也取消

船長告訴法顯大師
商人們為了護船
即將一箱箱的
經書拋向海中
法顯大師
唯恐經書
被拋入大海
奮身抵擋
在籐條箱
前保護
一心稱念著
觀世音菩薩
的聖號，祈禱
菩薩保佑
這批經書及
船上所有人的
性命

了，法顯大師這才大大鬆了一口氣。

船在大風大浪中顛簸了十三天，終於靠上了一座小島。把船的漏水處完全修補好後，又啓碇航行。經過了九十多天，船抵耶婆提國。

雖然歷經這次的海上大風暴，內心猶有餘悸，可是法顯大師並沒被風暴嚇倒，繼續打聽有沒有商船要去漢地。

耶婆提國是個信仰婆羅門教的國家，國人沒有聽說過佛法，對佛門比丘也不友善。在這等了五個月後，才搭上一艘開往廣州的大商船，船上也乘載了兩百多人。

大商船航行在南海上，一路向北前進。

法顯大師站在船頭，看著海天一色的景象，回首著這十四年來西行求經的斑斑往事，內心感觸良多。當年黑白交雜的眉毛，如今已然全白，成爲一位名符其實的白眉和尚了。想到自己已近垂暮之年的法顯大師，臉上浮起了一絲苦笑，心裡有著「人生苦短」的深深感嘆。

這一天半夜，天空反常地看不見一顆星星，海面上出奇地平靜。法顯大師意識到這是「暴風雨前的寧靜」，一直不敢閉眼睡覺。

果然，不久之後暴風挾著傾盆大雨而來，像鬼魅魍魎般撲向這艘孤獨的船。掀起的巨浪把船往上拋，又往上拋，客商們個個嚇得面無血色。

法顯大師在危急中並不慌張，大聲誦念著觀世音菩薩的聖號，爲全船的人祈福。

一船的祈禱聲、呻吟聲、咒罵聲、唉嘆聲……交雜成一片。

「什麼鬼天氣嘛，竟讓我碰上了！」有一個婆羅門商人大聲咆哮著：「風呀！雨呀！你們快停止啊，我還不想死！」

像發瘋似的，他又叫又跳，拿起東西來就摔，恐懼已使他喪心病狂了。

瞥見法顯大師正在念著觀世音菩薩的聖號，他跌跌撞撞跑了過來，大聲說著：「各位，你們知道我們爲什麼會遇到海上大風暴嗎？就是因爲船上載了這位出家人！因爲他，害得我們遇到這個大災難……。」

婆羅門商人這一嚷，船上的人都把眼光投射過來，他說得更起勁了：「是

他！兇手是他！把他丟進海裡，我們才能平安！」

法顯大師雙手合掌，口中聖號並未停歇，他爲眼前這位愚癡已到極點的商人，內心湧出廣大的同情心。

「對！對！把他丟入海中，我們才會平安！」

驚慌失措的人群中，有人附和著。

婆羅門商人眼見有人響應，一個健步跨了過來，抓住法顯大師的胳臂往船側走。

法顯大師口中的聖號念得更大聲了，心中祈求佛陀寬宥這位自己不知在做什麼的人，過度的驚悚已使他喪失了本性。

來到船側，婆羅門商人作勢欲將法顯大師往大海扔。

「住手！」

同時傳來數聲「住手」後，猛然跳上來幾個人，他們將法顯大師搶過來保護在他們的背後。其中有位中年人說：「你別亂來！有法師在的船，只會平安，不會增災難！你沒看到他一直在爲我們祈福嗎？」

中年人又說：「我們都是佛教徒，敬重佛、法、僧三寶。如果你要扔法師下海，就把我們也一起扔了。」

婆羅門商人不敢吭一聲。

「我們漢地的皇帝是崇信佛法，敬奉比丘的。如果你膽敢如此胡作非爲，一到漢地，我們就到皇帝那裡控告你殘害佛門法師！你要知道，這可是死罪一條！」

婆羅門商人怕了，一聲不響地走開。

不久，風暴停息，船帆又高高掛起。

哪知舵師弄錯了航向，七十多天未見海岸。船上糧食、飲水即將告罄，大家憂心忡忡。果然海上行船，命全交在大海的手裡。

又過了十二天，正當糧盡水絕，不知如何是好時，舵師高喊著：「看到了！看到了！前方出現陸地了！」原來他們在長廣郡（今山東萊陽縣東）界牢山的南岸登陸了，時間是義熙八年（西元四一二年）七月十四日。

饑渴疲乏的船客一下間全站了起來，大聲歡呼著，最高興的是法顯大師了！

一上岸，漢地土生土長的莊稼，迎風搖擺地歡迎著他，法顯大師踏上久違的國土，內心激動異常！他跪了下去，吻著故國溫馨的泥土，不禁熱淚滾滾而下。

是的，這是漢地的莊稼，我回來了！我回來了！睽違十四年的故土，我安然歸來了！西行求取律藏的大願終於圓滿達成了，感謝佛菩薩的保佑……。

那是喜極而泣的淚珠，一滴滴，滴入故國泥土裡。十四年來的奮鬥，頃刻全化爲無上的法喜，在法顯大師的心中久久不散……。

長廣郡太守李嶷是個佛教徒，一聽到有沙門帶著經典佛像，乘船而歸的消息，專程趕到岸邊，迎請經像。許多的佛教徒也聞訊蜂擁而至。

來到這位堅忍不拔、百折不撓的老法師面前，李太守跪了下去，恭敬地說：「歡迎法顯大師求經歸來，請受我們一拜。」

信徒也紛紛伏地跪拜。

義熙八年七月，法顯大師攜帶經典與佛像於長廣郡界牢山的南岸登陸。

長廣郡太守李嶷是位虔誠佛教徒，聽說有沙門奉請經典與佛像乘船而歸的消息，專程趕到岸邊，迎請經典。長廣郡內的佛教徒也聽說，蜂擁而至。

來到法顯大師面前，李太守恭敬下跪，言道，歡迎法顯大師求經歸來，請受大眾一拜。眾人紛紛伏地頂禮跪拜。

法顯大師連忙扶起太守，聲曰老僧惶恐不敢當。

李太守偕同眾人恭迎法顯大師進城。

法顯大師回到京城建業後，偕佛馱跋陀羅禪師，合譯摩訶僧祇律、綖經、雜阿毘曇心論，和方等般泥洹經，共三百多卷、百餘萬言、是爲我國四大翻譯家之一。

法顯大師西行求法的壯舉為中國佛教史上寫下了極光輝燦爛的一頁。

「太守請起，施主們請起，老僧愧不敢當。」

法顯大師扶起太守，激動地握住他的手。終於踏上了祖國的泥土，安全地把經律典籍攜帶回來了！眼前是睽違十四年黃皮膚、黑眼睛的同胞，舉目所見再也不是陌生的異國人士，法顯大師眼見同胞如此熱烈迎接，不禁內心一片欣慰。

李太守偕同信徒，恭迎法顯大師進城。

在眾人簇擁下，法顯大師以他一貫堅定、沉穩的腳步，一步一步向郡城邁去……。

法顯大師回到京城建業（今江蘇江寧）後，和一位外國禪師佛陀跋陀羅（即覺賢大師）合作，譯出《大般泥洹經》、《摩訶僧祇眾律》、《綖經》、《雜阿毘曇心》、《方等般泥洹經》❶，共三百多卷百餘萬字，成爲我國四大翻譯家之一。

法顯大師西行求法的壯舉，可謂行人之所不能行，忍人之所不能忍，一心

只爲普利有情、慈悲濟度，所以雖然歷盡千苦萬難，乃能無懼無畏，愈挫愈勇。師子國白眉住持的預言沒錯，法顯大師在中國佛教史上，寫下了極光輝燦爛的一頁。他那冒險犯難、百折不回的勇者風範、慈悲的智者胸懷，將永遠留在後人的心中……。

❖ 註釋 ❖

❶《方等般泥洹經》：記載佛陀入滅前後之種種情況。

佛學視窗

- 時代背景
- 西行取經與譯經
- 法顯大師的貢獻
- 法顯大師年表

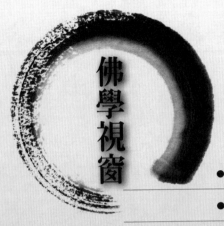

時代背景

法顯大師，俗姓龔，平陽郡武陽（今山西襄丘縣）人。出生於東晉咸康元年（西元三三五年），示寂於義熙十三年（西元四一七年，或說景平元年〔西元四二三年〕）。法顯大師一生最重大的貢獻，爲以六十四歲的高齡，西行取經，共費時十四年，取得律藏而歸；並將沿途所見詳細記錄下來，成爲後人西行的重要參考書籍。

大師所處的時代，正好是西晉滅亡不久，南北政權分裂，是爲東晉、五胡十六國混戰的時期。當時，黃河流域的北方中國，有匈奴、鮮卑、羯、羌等幾個少數民族，先後建立了十六個國家；而以原瑯琊王司馬睿爲首的一部分王室和士族，則在江南成立了偏安的東晉王朝。

北朝佛教概況

佛教方面，南北兩朝的活動情形並不完全相同。北方的君主由於都是胡

人，雖然多多少少接受了漢化，然而普遍淫亂且好殺，佛法的戒殺與因果報應之說，對當時強烈動盪的社會狀況而言，正是一帖良藥，因而普遍受到民眾的接受。佛教在當時不只是祈福與太平的象徵，也是尋求人才的途徑，並成爲一些國家用以爭取民眾支持的主要信仰。

中國北部的佛教，在後趙、前秦、後秦、北涼等大國統治者的信仰與大力支持下迅速發展，因而佛教普及到東晉十六國的各個民族。在北方十六國中，最具影響力的僧人是：佛圖澄、釋道安及鳩摩羅什。

南方的佛教風氣

而位於南方的東晉諸帝，更是沒有不信奉佛教，結交僧尼的。如：元帝曾詔令沙門竺道潛可以穿鞋入內殿講經；明帝喜好畫佛像，並常召請有學問的出家人講論佛道；哀帝曾請竺道潛進宮講《大品般若》；簡文帝特別喜歡玄談，曾經親自到瓦官寺聽竺法汰講《放光般若》；孝武帝在殿內建精舍，請出家人居住，並允許出家人自由出入宮廷。恭帝深信佛道的因果理論，刻意建造大型的金佛像。

此外，東晉最有實質勢力的王、謝、庾、桓等大家族，也多是佛教的支持者。皇室貴族競相修建寺院，是東晉王朝的一大特點。

當時社會上流行清談，主要是以《老子》、《莊子》等道家經典爲談論對象，並夾雜道家的清心養性、服藥長生爲內容，後來佛教的般若學說也滲入清談的範圍。由於佛學漸漸受到上層人士的喜好，東晉名士並遍向有名的僧人求教，議論佛理的名士與名僧愈來愈多，王室貴族和一般奉佛的士族階級，幾乎沒有不研習「般若」思想的，使得佛教在江南的社會勢力迅速擴展。之後，東晉玄學的理論中心，漸漸轉向佛教義學方面；江南的佛教則以廬山慧遠爲最重要的倡導者。

西行取經與譯經

自第四世紀到八世紀，許多僧眾前往印度求法，而南北朝正是中國佛教史

上譯經與西行求法的最高潮。這是因爲漢、魏、兩晉翻譯佛典，全是小規模的私人譯述，這些早期翻譯的經典，都是西域及印度各地的僧人，將各自所傳承的佛法引進我國。當時的翻譯大多是口譯，很少有梵本經書，而且由於人力、財力的限制，所翻譯的經典多是單卷或小本，翻譯者本身對中國的語文並不熟練，因此所翻譯的經典多屬片段，沒有先後宗派流傳的秩序，也沒有什麼統一性，對當時許多渴求佛法的人而言，是無法滿足的。在這種情況下，便有許多像法顯這樣發心的出家人立志到印度求法並取經。

取經西行路線

佛典傳到中國的方式，一則是由西域僧人之東來，一則是由我國僧人西行取經而得。取經是指我國僧人到外地求取佛法，引進佛典。印度佛教自東漢明帝永平年間傳入後，因爲佛典篇幅不全，或傳譯失眞，或重要的經典未傳，未能滿足當時的需要，因此歷代都有許多僧人到西域或古印度求取佛典，綜計前後超過兩百人。據《歷代求法翻經錄》所記載，西晉時有朱士行、竺淑蘭、竺法護等三人；東晉時有法顯、寶雲、智猛等三十多人；劉宋時有道吾等十餘人；北魏、北齊、北周時有宋雲等十九人。我國第一位西行取經的是朱士行。在他以後，則以晉朝末年與南朝宋初，最爲盛行。

有關中國到印度的交通路線，依據《釋迦方志・遺跡篇》的記載，主要有三條：（一）是由河州出發，經吐谷渾、吐蕃，至北印度尼波羅國。（二）由鄯州出發，經揭盤陀國、漕矩吒國，至西印度伐剌拏國，與第三道會合。（三）由京師繞經篋赤建，睹貨羅等國，入於烏仗那國。另根據《大唐西域記》及《前漢書・西域傳》的記載，也有經過巴蜀而到印度的。像劉宋智猛、慧叡等就是經巴蜀的路，而東漢秦景、後魏道藥等則是取道西域。大體來看，我國北部到印度的通道，多經今的新疆及中亞細亞。

東晉安帝隆安三年（西元三九九年），法顯在長安約同慧景、道整、慧應、慧嵬等四人，出發西行；在張掖，又結合了西行求經的僧紹、智嚴、寶雲、慧簡、僧景等五人，這一行十人的團體，在西行途中，有中道折回的，有途中分開的，有死在路上的，也有留印不歸的。終於求得佛經回國，只有法顯一人。

依據考查，法顯所經過的路線，差不多在現在的新疆境內走了一百二十二天；度過葱嶺，又走了四十五日；經過現在的阿富汗境內，再向南走了三十三天，抵達中印度。由於在途中常常停留，所以總共走了六年，才從敦煌到達中印度。

我們知道，法顯大師是從陸路向西而去印度，回到長安則是從海路由南而返。從陸路到天竺，不但經過的國家相當多，路程也比較遙遠，但是根據梁啓超先生的統計，選擇長途跋涉、走陸路的人比循海路的人爲多。何以走陸路的比較多？我們很容易想到的是：陸路比較安全，因爲出了玉門關以後，所經過的多數是西域的佛教國度，在域外容易找到可以掛單（住宿）的地方。其次，在唐以前，海路相當危險，如《佛國記》記載法顯在回來的途中，遇到狂風巨浪而隨海飄流的苦難情形。

梵語的學習

此外，這樣的西行方式，正是訓練梵文的最好機會，在沿途就可以學習並使用梵文（《佛國記》中特別提到：鄯善國西行，所經諸國，國國胡語不同，然出家人皆習天竺書、天竺語。可見，梵文在當時的寺院是通用語言），因爲在當時並不像現在有專門的語文補習班，前往天竺求法的僧人，必須學會使用梵文，在途中若能邊走邊學，一再使用這種語文，在各佛教國參學、講說或辯論，等到達目的地之後，梵文已經很流利了，便不會有語文的隔閡。

至於唐朝中葉以後僧人則往往循海路，一方面是航海技術進步；另一方面，是因爲西域經常被吐蕃占領；其次，便是中國譯場所在的寺院，可以學習梵文，而且在南海也有學習的機會。

法顯大師的貢獻

法顯大師與唐朝的玄奘、義淨大師三位，是我國到過印度並取回經典中最出名的僧人。

魏晉南北朝時期，往西域取經的僧人雖然非常多，然而法顯是我國西行到

印度並攜帶經典返回的第一人，這是法顯之所以出名最重要的原因之一。而且，根據《佛國記》所記載的「耶婆提國」，有人加以考據，認爲很有可能是美洲瀕太平洋岸的一個地方。如果此說成立，法顯發現美洲大陸，便比哥倫布早一千零七十八年。（哥倫布是西元一四九二年發現美洲）這可以說是中國人交通史上光榮的歷史事蹟。

《佛國記》

法顯大師回國後，將他在旅行時的見聞，記錄成書，即是《佛國記》（也稱爲《高僧法顯傳》或《歷遊天竺記傳》）。這是一本描寫當時印度以及中亞實情的著作，是我國僧人旅行印度傳記中現存最古的典籍，具有文獻上的重要意義。本傳與唐玄奘的《大唐西域記》及義淨的《南海寄歸內法傳》，爲中古歷史、地理的重要史料。本書在十九世紀就受到西歐學者的重視，有英文、日文、法文、德文等數種的譯本。

翻譯經典

法顯大師歸國以後，於道場寺與佛陀跋陀羅合譯《摩訶僧祇眾律》、《大般泥洹經》、《雜藏經》、《雜阿毘曇心》等約一百多萬字。其中，《摩訶僧祇眾律》（亦名《大眾律》）爲佛教戒律的五大部之一。此外，所攜帶回來的《方等經》、《涅槃經》等，由於文中認爲，一切眾生悉有佛性，而且人人可以成佛（因爲當時普遍認爲：並非人人可以成佛），這一說法，在當時佛學思想上產生重大的影響，並曾引起廣泛的討論，甚至開展爲當時佛教六家七宗等學派中的一支。

法顯大師以宗教的虔誠與熱忱，歷經艱辛險阻，終於完成了求法的壯舉。之後，像法顯一類的求法者，不絕於路，形成一時的風尚。法顯求法的行動，不但豐富了中國佛教的典籍與理論，爲佛教教育增添內容，而且他那百折不撓、堅忍不拔與勇猛向前的精神，更可以說是推動佛教在中國發展的重要因素。

法顯大師年表

中國紀元	西元	年齡	法顯大師記事	相關大事
東晉成帝咸康元年	335	1	出生於平陽府武陽，今山西襄垣縣。	
東晉安帝隆安三年	399	64	展開西行取經之旅。	
隆安四年	400	65	抵達張掖鎮，結識僧紹、智嚴、寶雲、慧簡和僧景五人，結伴西行。	
隆安五年	401	66	翻越葱嶺，進入北天竺境。	
元興元年	402	67	征服小雪山時，同行中最年輕之慧景法師不幸往生。	鳩摩羅什大師至長安。

元興二年	403	68	於羅夷國結夏安居後，往天竺各國四處求經、參訪聖跡。	桓玄之亂。
義熙元年	405	70	修習梵文以抄寫經律，收集到《摩訶僧祇眾律》、《薩婆多眾律》、《涅槃經》等重要經典。	鳩摩羅什大師譯出《大智度論》。
義熙五年	409	74	從多摩梨帝國搭船往師子國，欲尋求前往漢地之船。	
義熙六年	410	75	抵達師子國，於等待船隻的兩年期間，取得《長阿含經》、《雜阿含經》等經典。	劉裕北伐。
義熙七年	411	76	於返國航程中遇暴風雨，漂流九十天才於今印尼附近登岸。	

義熙八年	412	77	再度遇暴風雨，於海上漂流近兩個月，終於長廣郡（今山東）登陸，踏上睽違十四年的祖國。	
義熙九年	413	78	赴建康與佛陀跋陀羅大師會合，著手譯經的工作。	鳩摩羅什大師圓寂。
義熙十二年	416	81	完成西行求經的遊記《佛國記》。	慧遠大師於廬山東林寺圓寂。
義熙十三年	417	82	大師圓寂。	